# Erhaltene Präsenz

Christian Gellinek

# Erhaltene Präsenz

Essays über die politische Sprache

**Bibliografische Information der Deutschen Nationalbibliothek**
Die Deutsche Nationalbibliothek verzeichnet diese Publikation
in der Deutschen Nationalbibliografie; detaillierte bibliografische
Daten sind im Internet über http://dnb.d-nb.de abrufbar.

Umschlagabbildung:
© eyeQ - Fotolia.com

Bildauswahl:
Christian Gellinek

Gedruckt auf alterungsbeständigem,
säurefreiem Papier.

ISBN 978-3-631-66119-2 (Print)
E-ISBN 978-3-653-05612-9 (E-Book)
DOI 10.3726/978-3-653-05612-9

© Peter Lang GmbH
Internationaler Verlag der Wissenschaften
Frankfurt am Main 2015
Alle Rechte vorbehalten.
Peter Lang Edition ist ein Imprint der Peter Lang GmbH.

Peter Lang – Frankfurt am Main · Bern · Bruxelles ·
New York · Oxford · Warszawa · Wien

Das Werk einschließlich aller seiner Teile ist urheberrechtlich
geschützt. Jede Verwertung außerhalb der engen Grenzen des
Urheberrechtsgesetzes ist ohne Zustimmung des Verlages
unzulässig und strafbar. Das gilt insbesondere für
Vervielfältigungen, Übersetzungen, Mikroverfilmungen und die
Einspeicherung und Verarbeitung in elektronischen Systemen.

Diese Publikation wurde begutachtet.

www.peterlang.com

Auf die Strudlhofstiege zu Wien

Wenn die Blätter auf den Stufen liegen
herbstlich atmet aus den alten Stiegen
was vor Zeiten über sie gegangen.
Mond darin sich zweie dicht umfangen
hielten, leichte Schuh und schwere Tritte,
die bemooste Vase in der Mitte
überdauert Jahre zwischen Kriegen.

Viel ist hingesunken uns zur Trauer
und das Schöne zeigt die kleinste Dauer.

# Inhaltsverzeichnis

I. Einführung in das literarische Problem ............................................. 9

II. Beispiele eigener Poesie und politischer Prosa ....................... 27
1. 1962 *Berliner Lied* ........................................................................ 27
2. 1965 -*Igung*/ <Freiheit>, Terror und Unrecht in der DDR 2010 ....... 32
3. 1971 *Katerland* / Städtisches Grundbuch und der Zorn des Potsdamer OB 1991 ...................................................................... 37
4. 1971 *Deutschland* / Die Sprache Deutsch ins GG? 2008 ............ 41
5. 1972 *Anti-Goya* / NKWD und russische Gutmütigkeit: Perspektive 2014 ............................................................................ 43
6. 1972 *Eigene Wiedergeburt* / Das Fulbright Zeiterlebnis 1982 ...... 45
7. 1983 *Ruit Hora*: Hugo Grotius / Kapholländisch, Afrikaans und Hudson Dutch 2004 ............................................................... 51
8. 1985 *Mutter Unser* / Altenglische Flaschenpost nach York 2013 ...... 65
9. 2000 *Meine Feste Wartburg* / Bundeskanzler Willy Brandts Rücktritt 1974 ................................................................................ 71
10. 2012 Günter Grass *Lebenslang* / Ein Dichter ist kein Diplomat 2014 als Kontrast ............................................................ 74
11. 2014 *Schweizerpsalm* / Baseler Saisonnierprofessur 1974/75 ....... 77
12. Philipp Scheidemann *1919* / An seine Kinder / 1926 Familiengrab .......................................................................... 81

III. Ergebnis: Prosa stuft die Poesie – und diese formt Stufen zur Prosa .............................................................................. 87

IV. Apparat Literaturverzeichnis ..................................................... 91
A. Literatur-kritische Beispiele ....................................................... 91
B. Das sprachlich-politikgeschichtliche Umfeld ........................... 95
C. Forschung aus der Lehre ............................................................ 100

# I. Einführung in das literarische Problem

Als Jacob Grimm seine Abhandlung *Von der Poesie im Recht* 1816 veröffentlichte, stellte er die Behauptung auf, daß Dichtung und Recht letztlich aus einer Quelle fließen.

Der Verfasser wurde damit in einem rechtshistorischen Nachdruck von 1957 bekannt und glaubte bis voriges Jahr fest daran, das müsse eine romantische Fehlannahme sein. Jetzt im Alter hat er eingesehen, daß der junge Grimm mit seiner Grundannahme doch Recht hatte. Woran konnte man das festmachen? Eigene Gedichte ab 1961 standen mit des Verfassers politischen Essays, selbst wenn ihre Entstehungszeiten Jahre auseinander lagen, auf einmal vor dem geistigen Auge in einer inneren Beziehung und stehen es noch. Dies gilt es hier zu zeigen und an Beispielen darzulegen.

Meine frühen bis 1979 verfassten Gedichte und auch neuere, hier berücksichtigte, sowie von mir gesammelte politischen Essays über Rechts-, Staats- oder auch Gattungsprobleme wurden in einigen Fällen sogar Jahrzehnte getrennt. Eine neuere abschließende Gedichtsammlung brachte der agenda Verlag Münster 2012 heraus und es wurden parallel dazu, *Essays zum Deutschen Elternland* 2013 im gleichen Verlag, *Stadtkultur und Kulturstadt Münster* bei Böhlau 1990, *Friedensessays zu Grotius und Goethe* New York 1984, *Essays zur Literaturkritik im europäischen Mittelalter* Poznan 1980, rückwirkend aufgezählt, von mir vorgelegt. Ein zusammenfassender Vergleich beider Gattungen über auseinanderliegende Zeitepochen hinweg war mir bisher nicht in den Sinn gekommen. Nach einer verspäteten privaten Vergleichsstudie stellte sich jedoch überraschend der Einblick ein, der sich, auch wenn solche Schriftwerke aus der eigenen Feder stammten, auf eine Formel bringen ließen: Prosa stuft die Poesie und diese formt Stufen zur Prosa. Gilt das auch allgemein?

Die berühmte Jugendstiltreppe vom Alsergrund in Wien IX bildet symbolisch solche Stufen, von oben betrachtet, nach und zeigt auf einen Ab- und Aufstieg in Folgerichtungen, als wäre sie über einen längeren Zeitraum eine Einordnung deutschsprachigen Schrifttums. In diesem Sinne soll die Umschlagabbildung und das Widmungsgedicht „Auf die Strudlhofstiege zu Wien" verstanden werden.

Jacob Grimm scheute sich nicht, seinen Gedanken durch eine kurze Definition klar zu machen, als er meinte, „die Poesie wird folglich das Recht enthalten wie das Gesetz die Poesie in sich schließen". Insofern müssen sie als „füreinander beweisend" gelten. Daher komme es darauf an, die sprachlichen Gemeinsamkeiten in der Rechtssprache und der epischen Kunstsprache aufzudecken. Beide stilistischen Elemente finden sich im Heliand.

Dazu gehört die Neigung zur Wiederholung, zur Tautologie, zur Gegensätzlichkeit und vor allem zur Alliteration im Stabreim. Sowohl in „alten epischen Liedern, Rechtsformeln und Urkunden" schreitet die Poesie vorwärts, weil sie zwei Glieder in ihren förmlich gebauten Zeilen oder in ihrem Gesätz hat. Es kommt auf die räumlich-zeitliche Erstreckung an, weil „die meisten Symbole unseres alten Rechts höchst einfach" gestaltet und in die Urelemente „Erde, Wasser und Feuer" auflösbar seien und sich entweder abwärts erstrecken oder aufwärts stauen und stufen. Jacob Grimm glaubte also zu wissen, daß eine historische Gesamtgrammatik wie die des Deutschen mäanderartig ein Licht und einen Abglanz der geschichtlichen Poesie entzünde. Das seien die eigentlichen Schritte, Tiefenstrukturen und Höhendimensionen der deutschen Sprache. Kann man solche Entwicklungen an charakteristischen deutschen Sprachdenkmälern wie z. B. der Christianisierungsdichtung mit dem Traditionsnamen Heliand von Andreas Schmeller, der als Text nicht zur Missionierung verfasst wurde, verfolgen?

Andreas Heusler legt in der Einführung zu seiner *Heliand*-Ausgabe von 1935 den Stil des altsächsischen Dichters als „weltlichen Stabreimvers" fest. Der von König Ludwig dem Frommen beauftragte Heliand-Dichter „verlängert noch die Perioden wie die Senkungen und Auftakte, er häuft die variierende Wiederholung und abhängige Rede. So entsteht seine „tiefatmige" – nach unserer Terminologie tiefstufende – „Verssprache, vergleichbar einer uferlosen Wellenfläche".Was traditionell Hebung der Silbe heißt, soll hier als Stufung, die Senkung der Silbe als Abschritt von der Stufe angesprochen werden. Früher hieß das Hakenstil.

Leider kennen wir den geistlich und musikalisch gebildeten sächsischen Dichter nicht. Die ausführende Schreibstube ist entweder direkt in Bischof Liutgers Kloster Münster (so M. Heyne und E. Sievers), oder dessen Bruders, Abt Hildegrims, in der Abtei Werden an der Ruhr, wie neuerdings von C. Burchhardt (2007) zu suchen. So erklärt sich die Nähe zur gleichzeitigen inselsächsischen Literatur. Der Friese Luitger war in York ausgebildet worden.

Der *Heliand* wird statt nach der 71. Vitte abzureißen, vollständig 72 Erzählblöcke gehabt haben. Es ist eine Zahl der Vielfältigkeit der Völker, die in übergeordnete und untergeordnete eingeteilt wurden. An der Spitze standen die judäo-griechisch-römischen Völker und ihre abgestuft heiligen Sprachen. Abgesehen davon, ist die Einteilung in den verschiedenen Ausgaben abweichend, weil nicht wirklich eine solche von Buchkapiteln, sondern vielmehr der mündlichen Vertragsbeherrschung gegeben ist, die nach Harald Haferland 2004 „situatives Denken" als Folgen der Mündlichkeit voraussetzt. In unserem Sinne verlangt die Satzgrenzenverlagerung eine Abstufung zwischen den Zeilen. Ein Beispiel wäre die Herunterstellung des Epithetons „des Sündelosen" für Christus (5149) auf die nächst untere Zeile (5150) oder „das Volk, die Übeltäter" (5174/75) oder „cristan thuo, salig barn godes" (5508/09). Als Beispiele von so gestuften Beschreibungen, die sich über mehrere Zeilen erstrecken, mögen auch dienen:

> „Im Schlaf ein Gesicht, wie der Schöpfer selber, der Waltende wollte, daß geboten wäre, auf anderem Wege heimwärts zu wandern nach dem Morgenlande und den leidigen Mann, Herodes, nicht abermals aufzusuchen, den feindlichen Fürsten" (681–686) [nach Herrmann, 1891] oder

> „die Stätte wird wüst um Jerusalem den Judenleuten, weil sie nicht erkennen, daß ihnen gekommen sei die Zeit ihrer Zeiten, denn sie zweifeln noch, wissen nicht, daß sie heimsucht des Waltenden Kraft (3702–3706) [nach Simrock, 1892/1907/1921].

Im *Heliand* wird der Salvator als Held und Richter zwar in weltlichen Stabreimen verherrlicht, aber es finden sich auch urkundensprachliche Anklänge, die hörbar und nicht nur lesbar sein mussten. Ein gestufter Satzbau prägt einen Stil aus, der sowohl geistlich überzeugt, wie auch klanglich anspricht. Des Heliands Schicksalsglaube ist gefolgschaftsgebunden und entspricht dem damaligen sächsischen Rechtsgefühl.

Es wird hier nicht in Abrede gestellt, daß die Glied- und Endstellungen in späteren deutschen Prosasätzen auch auf den Einfluß des Lateinischen zurückgehen, aber die hier besprochene Erscheinung entwickelte sich viel früher, nämlich um ganze Jahrhunderte.

> „Die Rechtsbücher des Mittelalters sind Arbeiten einzelner Verfasser ohne amtlichen Auftrag, die das Gewohnheitsrecht eines bestimmten Gebietes meist in volkstümlicher Sprache aufzeichnen. Das bedeutendste unter ihnen, zugleich ei-

nes der ältesten größeren Prosawerke in deutscher Sprache, ist zwischen 1224 und 1230 entstanden: der Sachsenspiegel Eikes von Repgow, eines der ersten deutschen Rechtsdenker." (Adolf Laufs, *Rechtsentwicklungen in Deutschland*, Berlin 2006, S. 6)

„Spigel der sachsen sal diz buch sin genant". Die in mittelniederdeutscher Sprache verfasste Rechtssammlung stammte aus mündlichen Berichten und dem Rechtsbrauch im Gebiet von Magdeburg und Halberstadt und konnte als überlieferte Masse vorher unübersichtlich, ja, sogar unüberschaubar gewesen sein. Um dem Unrecht entgegen zu wirken, und das alte Recht vor dem Vergessen zu bewahren, schrieb Eike es als Spiegel des Rechtswissens nieder, erfand es aber nicht selbst. Der Herausgeber Claudius von Schwerin sieht in diesem „ältesten größeren Prosawerk in deutscher Sprache" für den an Kultur interessierten Sprachforscher eine „noch längst nicht ausgeschöpfte Quelle". Wir stellen dazu mit Genugtuung fest: bereits das erste Verb der Vorrede lautet passend „ich zimmere..." und kann wörtlich für unsere Stufentheorie als *captatio benevolentiae* herangezogen werden. Sie fährt in der dritten Zeile der Reimvorrede fort „ich habe bereitet „nutze stege", d. h., eine Treppe zum nützlichen Gebrauch gebaut. Dieser Aufbau durchzieht das ganze Rechtsbuch. Auch die Sippenverwandtschaft wird nicht, wie erwartet, im Bilde des Stammbaums dargestellt, sondern im 1. Buch, III, 3 des Haupttexts gliedmäßig-stufenförmig am menschlichen Körper illustriert. Die Darstellung zeichnet sich durch große Wirklichkeitsnähe aus. Die Hauptthemen teilt er in Land- und Lehnrecht ein. Jenes friedet dieses ein. Das Landrecht (welches das Stadtrecht bewusst ausscheidet) ist in 254 Abschnitte eingeteilt, worin Teil I und III gleich stark sind. Wie bei einer Stiege oder Treppe werden veraltende und erneuernde Teile „als gegenwärtig" (v. Schwerin) oder begehbar hinter einander weg angereiht, nicht aber begrifflich voneinander getrennt angeordnet. Als Beispiel für eine solche Konstruktion diene die Pflicht des Vormunds gegenüber einer Frau, I. XLVII, 2: „Der vormunde von gerichtes halben sal ouch gewere vor si geloben unde entphan unde dar nach keine not dar umme liden, wen daz (h)er der warheit bekenne, wenne (h)erz von gerichteshalben gevraget wirt, wen sin vormundeschaft en weret nicht lenger, den alse daz gerichte wert." oder III, XIV, 2: „Die wile die gewere ungelobit iz, so mag der kleger besseren sine klage, darnach abir nicht."

Der Sachsenspiegel Eike von Repgowes hat vielen „schweren Tritten" von Rechtserschütterungen standgehalten und seine Abfassungszeit bis 1900 weit überdauert.

Am Anfang seines *Sendbrieff von Dolmetschen* 1530 sagt der Übersetzer Dr. Martin Luther: „Es heist: Wer am wege bawet, der hat viel meister. Also gehet mirs auch. Die jhenigen die noch nye haben recht reden können, schweige denn dolmetschen, die sind allzumal meine meister, und ich mus yhr aller junger sein."

Wichtig für unseren Zusammenhang, daß Luther mit der Metapher des Bauens beginnt, die wir heute aus der Bezeichnung der Syntax als Satzbau kennen. Er kennt zwar die Idiome anderer übersetzender Schriftsteller, übernahm aber als deren angeblicher Jünger fast immer nur den volksgemäßen Wortschatz. Sein Gebrauch von Fremdwörtern war äußerst gering und darin unterschied er sich von Ulrich von Hutten, Dr. Karlstadt und Thomas Müntzer und seinem Widersacher Dr. Johannes Eck. Luther setzte viele Wörter auf einer Stufe zusammen, die vorher getrennt waren, z. B. Machtwort, geistreich, Bilderstürmer, usw. Der Stilist Luther hatte auch ein Gespür für den damals noch herrschenden Mangel an Abstraktionen. Er schuf daher in seinen Streitschriften sog. Verbalabstrakta, wie Gebet, Gewalt, Geduld und verbreitete sie. Die Bildungen -heit, -keit, -nis und -ung baute er zu neuen Abstrakta aus, wie in bosheyt, billickeyt, verdammnis, ordnung.

Bekannt ist seine Mahnung aus diesem Sendbrief, den er auf verschiedenen Stufen gesprochen hört: „man muss die Mutter im Hause, die Kinder auf der Gassen, den gemeinen Mann auf dem Markt drumb fragen ... und merken daß man deutsch mit ihn redet."

Es bedarf auch der Erklärung, warum Luther in seiner Bibelübersetzung so zahlreich Alliterationen gebrauchte: gang und gäbe, Land und Leute, Haus und Hof, Leib und Leben, Witwen und Waisen, oder in Sprüche 24, 17: Freue dich nicht des Falls deines Feindes; oder in 5. Mose, 32, 2: Meine Lehre triefe wie der Regen und meine Rede fließe wie der Thau, wie der Regen auf das Gras und wie die Tropfen auf das Kraut.

Hier findet sich der Stabreim im Parallelismus der Glieder, der sich auf die Vershälften verteilt. Sie verraten Luthers musikalisch gestuftes Sprachgefühl. Am auffälligsten treten sie in den Psalmen hervor.

Goethe hat sich sein Leben lang als Dichter und Schriftsteller, Forscher, Literatur- und Kunsttheoretiker mit den Grundfragen der Literatursprache beschäftigt. In der Hamburger Ausgabe seiner Werke in 14 Bänden von Erich Trunz teilt der 12. Band dieses Interessengebiet in drei Hauptrubriken ein: Schriften zur Kunst, Schriften zur Literatur, *Maximen und Reflexionen*; letzterer Titel stammt von Goethe selbst und seine Spruchsammlung erschien postum in seiner Ausgabe letzter Hand. Schon 1808 schwebte unserm größten Dichter vor, daß die vorgetragene Dichtung zuerst „aufs Gefühl wirke", vor allem rangierte seiner Meinung nach „der tüchtige Gehalt" noch vor „der ästhetischen Form" (ibidem, S. 702.) Er ergänzte: „… jedes bedeutende Dichtwerk, besonders das epische [müsse] auch einmal in Prosa übersetzt werden"(S. 350).

Diesen Gedanken, der Nähe der Gattungen von Poesie und Prosa, verfolgt er in seinen Noten und Abhandlungen zum *Westöstlichen Divan* (über Araber): „Höchst merkwürdig erscheint mir bei diesem Gedicht (Unter dem Felsen am Wege), daß die reine Prosa der Handlung durch Transposition der einzelnen Ereignisse poetisch wird" (Bd. 2, S. 134). Und (ibidem, S. 141) „Auch hat sich das Dichterisch-Märchenhafte jene überbliebenen Monumente nach und nach durch Bemühung der Kenner zur historischen Prosa herabgestimmt." Im Sinne unserer These würden wir hier nicht den musikalischen Begriff, sondern strukturell „herabgestuft" gebraucht haben. Das ist jedenfalls auch gemeint. Dann vergleicht er (Band 2, S.185) den Poeten mit dem Prosaisten. Dem ersteren scheinen „Takt, Parallelstellung, Silbenfall die größten Hindernisse in den Weg zu legen...

Der Prosaist hingegen hat die Elle(n)bogen gänzlich frei und ist für jede Verwegenheit verantwortlich." In *Dichtung und Wahrheit*, Dritter Teil, (11. Buch, Bd. 9, S. 488) heißt es: „ … sich der Prosa gleichfalls zu höherem Ausdruck zu bedienen" und im gleichen Buch ergänzt Goethe: „… aber das eigentlich tief und gründlich Wirksame, das wahrhaft Ausbildende und Fördernde ist dasjenige, was vom Dichter übrigbleibt, wenn er in Prose übersetzt wird" (ibidem, S. 493). Diesen Gedanken spitzt er im vierten Teil von *Dichtung und Wahrheit*, 18. Buch, zu, wo er die Nähe der Prosa zur Poesie untersucht. „Nun aber nahm man auf einmal den Reim weg … Klopstock ging voran … der fünffüßige Jambus … [zog] die Poesie zur Prosa herunter.

Etwas Ähnliches suggeriert uns symbolisch auch die Strudlhofstiege. Abschließend formt Goethe darüber den Spruch in *Maximen und Reflexionen* über den Tritt des Verbs, wo es in Band 12, S. 509/10 heißt „kein Wort steht still, sondern es rückt immer durch den Gebrauch von seinem anfänglichen

Platz, eher hinab als hinauf ... ins Engere als ins Weitere, ...". Diese Zitate beleuchten sowohl „Goethes Stellung in der Geschichte der literarischen Kritik..." (ibidem, S. 683), als auch die „Teilnahme" (S. 687) seiner Leser, die „den tüchtigen Gehalt" als „das Wichtigste" mitverfolgen sollen.

Es dürfte schwerfallen, in Schillers Werkästhetik Parallelen zu Goethes praktischem Interesse an dem Verhältnis von Dichtung und Prosa auszumachen. Schiller schrieb seine Prosa als forschender Historiker oder als Ästhetik-Theoretiker, der eine Aufgabe zu bewältigen hatte. Er war philosophisch mit Kant vertraut. Seine Fremdsprachenkenntnisse, anders als diejenigen Goethes, hielten sich in Grenzen. Goethe fand, Schiller suchte seine Themen und versuchte, seinen Erzählstoff „zu unterwerfen" und passende Motive stilistisch „zu bezwingen". Als Sprachkünstler stellte sich Schiller andere Aufgaben als Goethe. In den Horen lässt Schiller sein imaginationsreiches Gedicht *Das Ideal und das Leben* 1795 mit dem ursprünglich unzutreffenden Titel Das Reich der Formen, dann Das Reich der Schatten, erscheinen. Die 9. Strophe wird hier zitiert:

> Aber dringt bis in der Schönheit Sphäre,
> Und im Staube bleibt die Schwere
> Mit dem Stoff, den sie beherrscht, zurück.
> Nicht der Masse qualvoll abgerungen,
> Schlank und leicht, wie aus dem Nichts gesprungen,
> Steht das Bild vor dem entzückten Blick.
> Alle Zweifel, alle Kämpfe schweigen
> In des Sieges hoher Sicherheit,
> Ausgestoßen hat es jeden Zeugen
> Menschlicher Bedürftigkeit.

Über dem „zephirleichten Leben" der ersten Strophe entschwebt ein verklärtes „Ideal", das am Ende der letzten Strophe mit einem „Pokal" bekrönt wird. Es überwiegen nicht abgestufte Metaphern. Die Bezeichnung <Gedankenlyrik> für diese Art Dichtung ist insofern nicht angebracht, als sich ein derartig konstruiertes Bildgedicht, das die Wahrheit sucht, im goetheschen Sinne nicht oder nur schwer in Prosa übersetzen ließe. „Darin lag eine Erlebnisweise, die jenseits dieser gebrechlichen Wirklichkeit im reinen Reich des Geistes Erlösung findet;" (Fritz Martini, *Deutsche Literaturgeschichte*, S. 273).

Reichsgründer Bismarck, der als Autor von *Gedanken und Erinnerungen* selbst ein Meister des deutschen Prosastils wurde, erinnert uns in seinem Bonmot an Heinrich Heines Dichterruhm:

„Vergessen die Herren denn ganz, daß Heine ein Liederdichter ist, neben dem nur Goethe genannt werden darf, ..."

Als Erzähler schuf er ebenso ... „Sprache, Stil und Technik einer modernen Prosa..." (Martini).

Für Heine ist Deutschland erneut eingeschlafen und erwacht aus einem Traum seines Wintermärchens. Ihm liegt „Heines Deutschland-Reise im Spätherbst 1843, der ersten, seit er im Mai 1831 ins <freiwillige> Exil nach Paris gegangen war", zugrunde (Hg. W. Bellmann). Das neue Werk will „versifizierte Reisebilder" zeichnen und „eine höhere Politik atmen als die bekannten politischen Stänkereime" (Heine an Campe, seinen Hamburger Verleger). Heines Sorge galt der Frage,... „ob und wie das *Wintermärchen* vor einer Verstümmelung durch den Zensor bewahrt werden könne". Heines politische Poesie tritt als Verssatire hervor. Die einzelnen Reisekapitel sind dem Generalthema Deutschland-Satire „untergeordnet". 27 Kapitel werden mit dem römisch-rechtlichen Titel *caput* überschrieben. Es gibt in 504 Strophen 2016 Verse. In jeder Strophe, die durch vier Verse zusammengehalten wird, reimen sich immer die geraden, (mit 3 Hebungen), aber nicht die ungeraden Verse (mit 4 Hebungen). Es herrscht die bekannte Senkungsfreiheit für unbetonte Silben. Man kann daher feststellen, daß es sich eigentlich um zwei gestufte gereimte Langzeilen (statt um vier Kurzzeilen) handelt. Manchmal bricht ein Vers durch einen Zeilensprung ab, der einen Übergang in den Prosastil hervorruft. Die Reisebildsatire bedient sich nicht nur volksliedhafter Elemente, sondern Heine kannte diese Strophenform aus dem *Nibelungenlied* und der frühen Lyrik des Kürnbergers. Durch viele Variationen und rheinischen Humor fordert der Dichter den Leser zum Mitdenken und zur Teilnahme auf. Der Reiseraum ist sowohl real-örtlich wie auch imaginär zu verstehen; er erscheint uns silhouettenhaft und geistig-gestuft. Er nimmt nicht eindeutig politisch Stellung, sondern formuliert bewusst mehrdeutig. In der Mitte des ganzen Gedichts liegt das umfangreichste *caput*, die Barbarossa-im-Kyffhäuser Sage. Eine alte, im Münsterland geborene Amme hat sie ihm, dem lyrischen Ich, als Märchen erzählt (*caput* XIV):

Der Káiser bewóhnt den víerten Sáal.
Schon séit Jahrhúnderten sítzt èr
Auf stéinernem Stúhl, am stéinernen Tisch, (Zeilensprung mit Stabreim)
Das Háupt auf den Ármen stützt er.

Sein Bart, der bis zur Erde wuchs,
Ist rot wie Feuerflammen,
Zuweilen zwinkert er mit dem Aug',
Zieht manchmal die Brauen zusammen.

Schläft er oder denkt er nach?
Man kann's nicht genau ermitteln;
Doch wenn die rechte Stunde kommt,
Wird er gewaltig sich rütteln.

Die gute Fahne ergreift er dann
Und ruft: „Zu Pferd! zu Pferde!"
Sein reisiges Volk erwacht und springt
Lautrasselnd empor von der Erde.

Ein jeder schwingt sich auf sein Ross,
Das wiehert und stampft mit den Hufen!
Sie reiten hinaus in die klirrende Welt,
Und die Trompeten rufen.

Sie reiten gut, sie schlagen gut,
Sie haben ausgeschlafen.
Der Kaiser hält ein strenges Gericht,
Er will die Mörder bestrafen –

Bis zur 17. Strophe „zankt sich" der Ich-Lyriker mit dem Gespenst des Kaisers, eine Art germanischem Komtur. Heine spitzt in seinem Vorwort die Satire zu, indem er feststellt:

„Der anarchische Zustand der deutschen politischen und literarischen Zeitungsblätterwelt wird in solcher Beziehung zuweilen mit einem Talent ausgebeutet, das ich schier bewundern musste."

Das *Wintermärchen* verkörpert auf einer überraschend altliterarischen Weise eine Deutschland-Karikatur wie auf einer „je suis Charlie" Ebene der damaligen sog. Vormärz Epoche. *Deutschland. Ein Wintermärchen* vereint auf das glücklichste lyrische und prosaische Stilstufen.

Danach aber geht es abwärts in Jungdeutschland und der Bismarckschen Ära. Man muss lange in Echtermayer-von Wiese, *Deutsche Gedichte*, unter dem Stichwort Realismus suchen, bis man nicht-epigonale Lyrik findet.

Franz Grillparzer ermahnt den Leser, sich zu fragen, womit man nun fortfahren sollte: "Und steigst in die Tiefe der Gedanken, wie findest du den Rückweg in die Welt?" Oder kann uns Gottfried Keller trösten, daß wir vielleicht bloß wie Flöße „durch die Zeit hindurchziehen" nach dem Motto: „Ein Tag kann eine Perle sein und ein Jahrhundert nichts." Es bleibt eine nicht ausgeführte Frage.

Im Weimar der Silbernen Nachklassik ruht man auf den alten Lorbeern aus. Nur der norddeutsche Meisternovellist, ein in Husum (damals Dänemark) geborener Dichterjurist ragt durch seine Eigenlyrik hervor, wie in dem fein konstruierten und gleichzeitig ergreifenden Gedicht:

> Am Meeresstrand
>
> Ans Haff nun fliegt die Möwe,
> Und Dämmerung bricht herein;
> Über die feuchten Watten
> Spiegelt der Abendschein.
>
> Graues Geflügel huschet
> Neben dem Wasser her;
> Wie Träume liegen die Inseln
> Im Nebel auf dem Meer.
>
> Ich höre des gärenden Schlammes
> Geheimnisvollen Ton,
> Einsames Vogelrufen –
> So war es immer schon.
>
> Noch einmal schauert leise
> Und schweigt dann der Wind;
> Vernehmlich werden die Stimmen,
> Die über der Tiefe sind.

Was wir oben bei Heine beobachtet haben, trifft auch hier zu; man sieht einen vierzeiligen Vers, aber hört, richtig atmend gesprochen, zwei Langzeilen. Die Spannung zwischen beiden drückt eine stimmliche Stufung aus. Abermals reimen sich die ungeraden, reimen sich nicht die geraden Zeilen.

Die Anverse enden auf unbetonter, die Abverse auf betonter Silbe. Es gibt wiederum Zeilenbruch. Storm war mit der deutschen Dichtungstradition vertraut und beherrschte das altüberlieferte Rüstzeug. Das Sichtbare und das geheimnisvoll Unsichtbare sind nicht voneinander getrennt, sondern imaginär ebbflutend miteinander verbunden.

Richard Wagner verstand sich als Gesamtkünstler und hielt sich daher für einen Dichter und Schriftsteller. Waren seine Schriften „verunglückt"? Selbst sein Biograph Gregor-Dellin glaubt das. Im Gegensatz zu Heine behauptet Wagner in einer Schrift über die *Wibelungen* (sic!):

> „Im deutschen Volke hat sich das älteste urberechtigte Königsgeschlecht der Welt erhalten: es stammt von einem Sohne Gottes her, der seinem nächsten Geschlechte selbst Siegfried, den übrigen Völkern der Erde aber Christus heißt; dieser hat für das Heil und Glück seines Geschlechtes, und der aus ihm entsprossenen Völker der Erde, die herrlichste That vollbracht, und um dieser That willen auch den Tod erlitten. Die nächsten Erben seiner That und der durch sie gewonnenen Macht sind die ‚Nibelungen', denen im Namen und zum Glücke aller Völker die Welt gehört. Die Deutschen sind das älteste Volk, ihr blutsverwandter König ist ein ‚Nibelung', und an ihrer Spitze hat dieser die Weltherrschaft zu behaupten."

Rein zufällig war Wagner auch Antisemit. Seine Texte ebnete er nach der Übersetzausgabe von Simrock ein, denn der Gesamtkünstler verstand kein Mittelhochdeutsch. Wir können daher kein passendes Gedicht zitieren.

Mit seinen Essays stellt Herman Grimm, der Sohn Wilhelm Grimms, diese selbstständige Kunstgattung in Deutschland vor. Es waren die Essays des US-Amerikaners Ralph Waldo Emerson, die „[s]eine Aufmerksamkeit auf den Essay als literarische Form zuerst hinlenkte". Frühere Essayisten waren Schriftsteller, Emerson war Prediger. Im akademischen Betrieb begegnet diese Gattung nach wie vor der Geringschätzung. Das liegt wahrscheinlich an seiner Gesprächsbereitschaft, die den Leser einlädt, an einer Denkbewegung teilzunehmen, die oft unüblich ist. Die essayistisch gelungene Kunstprosa hat einen musikalischen Fluss und „streift" nach Theodor Adorno „ die musikalische Logik". Sie hofft, beim Essayleser das Denkantriebsvermögen anzuspornen. Meine eigene Essay-Definition lautet: „der Essay ist ein Stück Kunstprosa angemessenen Umfangs und weltläufiger Perspektive, der ein bewegtes, aber in sich abgerundetes System von intuitiv assoziierbaren Sentenzen derart gelungen umkreist, daß es den bildungsaufnahmewilligen Leser zum Genuss der durchkomponierten Denkbewegung einlädt." Die politische Sprache bedient sich gerne des Essays.

Der Meisterstilist, Essayist und Dramatiker Hugo von Hofmannsthal bannt (1896) noch einmal ein bewegendes Bild zusammen, aber in einer aus der lateinischen Tradition stammenden Dichtform, einem Sonett von 14 Zeilen. Ein solches Gedicht anhörend, stehen einem nicht wie bei der echten Lyrik die Armhärchen zu Berge, sondern bleibt die Wehmut zerebral und die Teilnahme intellektuell. Ein Sonett sollte nicht auseinander gerissen werden.

### Die Beiden

Sie trug den Becher in der Hand
Ihr Kinn und Mund glich seinem Rand,
So leicht und sicher war ihr Gang,
Kein Tropfen aus dem Becher sprang.

So leicht und fest war seine Hand:
Er ritt auf einem jungen Pferde,
Und mit nachlässiger Gebärde
Erzwang er, daß es zitternd stand.

Jedoch, wenn er aus ihrer Hand
Den leichten Becher nehmen sollte,
So war es beiden allzu schwer:
Denn beide bebten sie so sehr,
Daß keine Hand die andre fand
Und dunkler Wein am Boden rollte.

Die variierende Reimform ist schlicht aabb/ abba/ abccab, die prosaischen Elemente eindeutig. Das tragende Wort ist die Hand, die ein Verschütten des Weines zulässt. Die einzige Überraschung bleibt, dass der Weintropfen nicht zu Boden fällt, sondern dort unten rollt und sich nicht vermischt.

Fazit: in diesem Gedicht rollt die Poesie in die Prosa ab. Daher kann es nur als Gegenbeispiel zitiert, aber nicht verwendet werden. Lange Zeit hielt der Verfasser Brechts Gedichte für tiefsinnig und maßgebend modern. Dabei sind es nur sentimentale Kreuz- und Paarreime, die mit der dichterischen Aussage nicht im Einklang stehen. Bertolt Brecht sollte bei einer Überschau, wie der hier vorgeführten, nicht fehlen.

### Ausschnitt aus Bert Brecht, Die Liebenden

| | |
|---|---|
| In gleicher Höhe und mit gleicher Eile | a |
| Scheinen sie alle beide nur daneben. | b |
| Daß so der Kranich mit der Wolke teile | a |
| Den schönen Himmel, den sie kurz befliegen | c |
| Daß also keines länger hier verweile | a |
| Und keines anderes sehe als das Wiegen | c |
| Des andern in dem Wind, den beide spüren | d |
| Die jetzt im Fluge beieinander liegen: | c |

| | |
|---|---|
| So mag der Wind sie in das Nichts entführen. | d |
| Wenn sie nur nicht vergehen und sich bleiben | e |
| So lange kann sie beide nichts berühren | d |
| So lange kann man sie von jedem Ort vertreiben | e |
| Wo Regen drohen oder Schüsse schallen. | f |
| So unter Sonn und Monds verschiedenen Scheiben | e |
| Fliegen sie hin, einander ganz verfallen. | f |
| Wohin ihr? – Nirgend hin. Von wem davon? – Von allen. | f |
| Ihr fragt, wie lange sind sie schon beisammen? | g |
| Seit kurzem. – Und wann werden sie sich trennen? – Bald. | h |
| So scheint die Liebe Liebenden ein Halt. | h |

Die Liebenden sind nach Brecht wie durch einen Luftzug ständig auf der Flucht, die sie bald zur Trennung zwingt, denn ihre Liebe trägt nur vorüberziehend. Die prosaische Aussage ist auch hier nicht gestuft, sondern eindeutig, (Englisch würde man sagen *straight*), obwohl nicht frei von Ironie.

Anders lassen sich Ausdrücke wie „schöner Himmel" „Sonn und Mond" als „verschiedene Scheiben" und die Endstation „Halt" nicht deuten. Als Leser kommt man nicht gleich darauf, aber trotz aufgebotener Bilder gehört dieses Gedicht in die Ära der Neuen Sachlichkeit. Auch die Liebe unterliegt nach Brechts Nicht-Psychologie der Relativität.

Als Dr. med. Gottfried Benn 1941 in Berlin als Nerven- und Geschlechtskrankheiten Arzt praktizierte, war er sehr deprimiert und müde, denn „an der Ostfront stand es schlecht". Damals schrieb er dort ein Gedicht, das man nicht mehr als expressionistisch bezeichnen kann – es ist eher nihilistisch. Wir zitieren daraus die zweite Strophe, die ohne Über- oder Unterordnung aus einem Satz besteht. Er steht vom eigenen Unterbewusstsein getrennt und befindet sich in einer Abwärtsbewegung. Dieser Satz, der auch in Prosa verfasst sein könnte, beschreibt in aller Kürze, warum das lyrische Ich sein Schweigen (also sein Verstummen) auf sich nehmen muss.

Auszug aus Gottfried Benn, Abschied

| | |
|---|---|
| Entfremdet früh dem Wahn der Wirklichkeiten, | a |
| versagend sich der schnell gegebenen Welt, | b |
| ermüdet von dem Trug der Einzelheiten, | a |
| da keine sich dem tiefen Ich gesellt; | b |
| nun aus der Tiefe selbst, durch nichts rühren, | c |
| und die kein Wort und Zeichen je verrät, | d |
| musst du dein Schweigen nehmen, Abwärtsführen | c |
| zu Nacht und Trauer und den Rosen spät. | d |

Es handelt sich um ein Gegenbeispiel zu unserer These. Die frühe Entfremdung wird mit späten Rosen umkränzt. Ist das eine Reminiszenz an Rainer Maria Rilkes widersprüchliche Rose?

Die *Strudlhofstiege* ist ein umfangreicher, fein verwobener Roman, der die Spuren Wiens im Alsergrund auf der Währingerstrasse mit dahinter abfallenden Gassen umspannt. Die Strudlhofstiege ist aber auch ein wohlkonstruiertes Eingangsgedicht zu diesem Roman. Es ist nämlich ein stufenfolgendes Gedicht, das auf denkwürdige Weise meisterlich in 3 Verse und 4 Verse als eine Strophe und in 2 Verse als Abgesang eingeteilt ist. Es umfasst die Treppe als Empfängerin und Unterlage für Blätter und für Tritte, die beide „atmen". Der Blick schweift eindeutig von oben nach unten im Abstieg auf den Stufen. Das Reimschema lautet aa bb cc x (Waise) dd. „Mond darin sich zweie dicht umfangen" bezieht sich auf die beiden Hauptfiguren namens Melzer und Mary K. als Liebhaber. Die Handlungsstränge dieses Architekturromans stauen, stufen und lösen sich immer wieder auf dieser Stiege, als wäre sie eine Begegnungs- und Erzählrampe. Auch die erzählte Chronologie liegt fest, sie umfasst einen Hauptzeitabschnitt von 1923 und 1925 und eine Rückstufung auf 1910/11. Dazwischen liegt der I. Weltkrieg. Viele Wiener sind inzwischen zu unserer und des Verfassers, Heimito von Doderers Trauer, hingesunken. Nicht so der Autor selbst! Er schlug sich mit ein paar Kameraden als Kriegsgefangene von Petropawlowsk in Kasachstan durch und floh dreiundzwanzigjährig weitgehend zu Fuß über Petrograd, Stettin und Hamburg nach Wien. Er hatte eine starke Ausstrahlung, Unterhaltungstalent und ein fabelhaftes Gedächtnis. Seine Kameraden standen ihm bei, weil sie wussten, dieser wird ein großer Dichter und er muss deshalb gerettet werden. Sein Gedicht steht unseren Überlegungen gewissermaßen als Motto voran. Der Leser wird von diesem Mottogedicht und dem dahinter liegenden Roman von seinem Autor ständig herausgefordert.

Der Roman *Die Strudlhofstiege* sowie seine Essays, die 1970 unter dem Titel *Die Wiederkehr der Drachen* postum herausgegebenen Aufsätze, verraten eine intime Kenntnis der älteren deutschen Literatur, zumal Doderer 1925 in Wien über ein geschichtswissenschaftliches Thema aus der mittleren Stadtgeschichte Wiens im 15. Jahrhundert promoviert wurde. Er war mit Baudelaire, Goethe, Arthur Conant Doyle, Homer, Ibsen, dem Dänen Johannes V. Jensen, den er schätzte, mit Nestroy, Arthur Schopenhauer und Oscar Wilde vertraut. Es gibt in diesem und seinen anderen Romanen ständig Rückbezüge auf diese Autoren.

Er erfand die literarische Gattung der sog. Divertimenti, das sind „musikalisch komponierte Novellen, die zum mündlichen, höchstens einstündigen Vortrag gedacht waren (Lutz-W. Wolff) Die meisten entstanden in der Frühwerkzeit Doderers.

Ihre erfolgreiche Darbietung beruhte auf seiner hohen Gedächtnisleistung. Nach seiner eigenen Tagebucheintragung handelt es sich um den musikalischen Charakter einer „*Ausdrucksprosa*" „mit zerrissener Syntax" (1926). Das VII. Divertimento von 1951, „Die Posaunen von Jericho" z. B. wuchs sich auf 150 S. Maschinenschrift, also auf Romanlänge aus. Wichtig für unsere These ist ebenso wie der Sänger primitiver Zeiten und Kulturen – in der Lage sein muss, seine Hörer jederzeit spannend [...] zu unterhalten. So wird nach Doderers Meinung „die moderne Prosadichtung zunächst einmal vom Buche losgelöst, ...". Seine Erzählung *Das letzte Abenteuer* bezeichnet er selbst als „Kleines Divertimento" (nach Martin Brinkmann). Für uns bleibt wichtig, daß die Prosagattung und der dichterische Vortrag zusammenhängen und, wie bei Jacob Grimm theoretisch, zusammenpassen und sich abstufen, nicht zuletzt darin, daß die Passagen hochdeutsch lauten, die direkte Rede jedoch auf wienerischem Dialekt zu sprechen waren. *Quod erat demonstrandum.*

Heute wohnt der in Danzig (Polen) geborene 87jährige Günter Grass in Behlendorf, Herzogtum Lauenburg, bei Lübeck. Dieser herausragende deutsche Dichter, Schriftsteller, Essayist, Redenschreiber, Bildhauer, Maler und Grafiker wurde 1999 mit 72 Jahren endlich mit dem Nobelpreis für Literatur geehrt. Er gab drei Editionen seiner Gedichte (1956, 1960, 1967), dann Gesammelte Gedichte und vier weitere Editionen zwischen 2003 und 2012 heraus. Grass publizierte Reden/Aufsätze zwischen 1968 und 1998. Er redigierte seinen Briefwechsel mit dem Berliner Oberbürgermeister und Bundeskanzler Willy Brandt. Die Sammlung von 1200 S., die 288 Briefe, Telegramme und Postkarten dokumentiert, beginnend 1964, umfasst beinahe 30 Jahre. Grass brachte zwischen 1959 und 2008 zehn Romane heraus, von denen ich die früheren an der Graduate School der University of Florida unterrichtet habe. Seine bekanntesten Romane, *Die Blechtrommel, Hundejahre, Katze und Maus*, die sog. Danziger Trilogie, wurden in mindestens zehn Sprachen übersetzt. Grass hat sich immer für die Probleme der Übersetzungsarbeit interessiert. 2010 erschien, für unsere Fragestellung von Belang, *Grimms Wörter* mit Gedichteinlagen, nach seiner Aussage „eine Liebeserklärung an die Gebrüder Grimm und ihre Leistungen an der deutschen Sprache". Seine Lyrikausgabe von 1967, *Ausgefragt*, die von Zeichnungen illustriert wird, bezieht sich auf Politisches und verarbeitet den Wahlkampf, den er für die SPD (deren Mitglied er von 1982–1992 war), und Willy Brandt bestritt und in 50 Städten hielt. Bei Grassergänzen sich Prosa und Poesie von Anfang an, mitsamt wortmalender und polit-rhetorischen Hilfsmittel. Auch der Dialog Trommeln und Lesen der Danziger Trilogie wurde später öffentlich zelebriert. Noch vor seiner Berliner Zeit „[gingen] Zeichnen und Schreiben verschiedene Wege; [es] durften sich nun zum ersten Mal beide Disziplinen in phantastischer Gegenständlichkeit üben; sie lebten von einer Tinte." (*Fünf Jahrzehnte*). Das ging nach dem Versmotto „lyrischer nie gelingen uns Wälder." Denn „das Aquarell erlaubt keine spitzfindigen Nebengedanken." Es passt daher für den Tuschkünstler Grass auffällig zur Lyrik. Er fand dazu sogar eine „neugewonnene lyrische Form als *Fundsachen für Nichtleser*." (1997). Er schrieb diese bitterbösen aufklärerisch gemeinten Gedichte für seine Enkelkinder. Es stehen sich auf den geraden und ungeraden Seiten Text und Tusche (Aquarellzeichnungen) gegenüber. Da der Text nicht nur gedruckt, sondern auch getuscht wird, erscheint er wie für zwei Augen doppelt, davon einmal über dem Bild. Drei Abbildungen werden für unseren Zweck ausgewählt.

DAS BEIL IM SCHUPPEN

war früher dem Henker scharf.
Und in entlegenen Ländern
hackt man noch heute
Dieben die Hand ab.
Ich bin inzwischen zivilisiert,
mache nur Kleinholz,
spalte Wörter ...

Dieses Gedicht darf unter dem Gattungsbegriff Prosalyrik eingeordnet werden. Die Axt muss bei uns umgewidmet und zu friedlichen Zwecken und nicht mehr wie im orientalischen Strafrecht (und im Europa des Mittelalters) eingesetzt werden. Des Dichters Kleinholz sind seine Wortspäne.

### KURZE SONNTAGSPREDIGT

Gott ist – laut Nietzsche – verstorben,
doch als Mehrzweckwaffe
immer noch tauglich
und weltweit im Handel,
weil urheberrechtlich nicht geschützt.

Zarathustra sprach nicht also, sondern in Nietzsches Aphorismus heißt es bekanntlich „tot"; klingt aber-poetisch und verfälscht den Geist einer Sonntagspredigt. Es ist eigentlich eine pazifistische Gardinenpredigt. Für Militaristen sollen die Waffen ordnungspolitisch eingesetzt werden und dem Frieden dienen. Sie werden weltweit gehandelt. So kann der Gottesbegriff nachkonstruiert werden, weil es auf ihn kein Urheberrecht gibt. Hier koppeln sich die Rüge über das Unrecht und die Schutzlosigkeit der mit Waffen Versorgten. Das Unrechtsbewusstsein ist vorhanden, aber es schwelt ohne Unterlass weiter. Dieses Denkgedicht verschweigt, daß die Tötlichkeit in allen Richtungen ihre Opfer erreicht.

### SEIT JAHREN

liegt eine Last auf meinem Land.
Versteinerter Brei, klebfest,
nicht abzuwählen.

Links ist der Umriss der Bundesrepublik in den geographischen Farben grün und hellbraun, mit dem Text bis Brei über Nord- und Mitteldeutschland, darunter den Rest über Süddeutschland kreiselförmig getuscht. Etwa über der Rhön zieht sich der Kreisel zusammen. Erwartet wird als Schlussverb „abzukratzen". Der Leser erhält aber das politische „abzuwählen". Die lästige politische Hypothek des immer gleich Wählens wiegt so schwer, daß sie bereits verwittert und daher landesweit versteinert ist. Da die friesische Sandinsel Sylt, was Grass weiß, nicht versteinern kann, wird sie weggelassen oder absichtlich gestrichen. Aber wieso? Schließlich handelt es sich um Fundsachen, die man nach einer Sturmflut am Strand, wenn der Herr ihn vorher gesegnet hat, finden kann. Diese gegenständliche Lyrik trifft ins Schwarze. Seine Streitprosa hat sich in der lyrischen Form als politische Mehrzweckwaffe ab 1959 zugespitzt, 1972 weitergeformt und 1997 endlich vereinigt. Hieß es nach Jacob Grimm Von der Poesie im Recht, darf es nach Günter Grass Von der Poesie in der Politik heißen. Die Stufe ist die geformte Botschaft.

Wir beenden unsere fundamentale Einleitung mit der Zuversicht, daß Adornos Apodiktum von 1949, „Schreiben von Gedichten nach Auschwitz ist barbarisch", Unrecht hatte. Es wird durch die hier besprochene moderne Lyrik und die anderer Dichter, widerlegt. Die Lyrik kann auch ein Unrechtsbewusstsein im Ausweichen auf Prosa bewältigen. Zu diesem Thema gibt es eine zögerlich widerlegende Poetik-Vorlesung von Günter Grass, Schreiben nach Auschwitz von 1990. Trotz dieses Brandmals könne ihm „kein Ende versprochen werden".

## II. Beispiele eigener Poesie und politischer Prosa

### 1. 1962 *Berliner Lied*

Erschienen in DIE ZEIT Nr. 31 vom 24. August 1962. Am 13. dieses Monats habe ich es auf eine „Shortage List for Principal Parts" in einer Maschinenfabrik in New Haven, Connecticut, USA, geschrieben Angeregt hat mich dazu Theodor Eschenburgs Artikel in Nr. 30. Darunter steht meine Anmerkung: ich bin Doktorand an der Yale und, wie Sie vermuten werden, deutscher Staatsbürger.

Der Text lautet:

Berliner Lied

Steig, Quadriga, auf die Erde
Knie als Lenkrin vor das Tor,
Daß die Einheit trächtig werde
Lebe uns am Beispiel vor
Möge der Bescheidung glücken
Was noch heut der Stadt versagt,
Hilf, daß neue Freundschaftsbrücken
Nicht die Mauer überragt.

Tadle sanft die alte Torheit,
Die auf sich allein vertraut,
Und trotz fleißger Hände Arbeit
Den Erfolg sich selbst verbaut.
Bete, daß die Mauer reiße,
Poch ihr Stücke aus dem Leib,
Daß dereinst in ihrem Schweiße
Freiheit unzerstückelt bleibt.

Halte auf Europas Zinnen
Wacht für die geteilte Stadt,
Deren tapfer Bürgerinnen
Sinn sich treu erwiesen hat.
So wie du versprichst zu dienen
Bring in Demut Recht hervor,
Einheit lenk auf sicheren Schienen
Vor das Brandenburger Tor.

Dieses formal einfache Paarreim-Gedicht besticht nicht etwa durch seine Eleganz, sondern interessiert uns wegen des Inhalts. Die Bildsprache klang zwar pseudo-romantisch, wenn da nicht die Tatsache wäre, daß es mit der Mauer, wie hier vorausgeahnt, wirklich so gekommen ist. Ich habe mir als Mauerspecht selbst ein paar kleine Stücke, allerdings vor der Glienicker Brücke, herausgeklaubt.

Ich habe damals als einziger in Yale diese Meinung vertreten und in Florida die Notwendigkeit einer Wiedervereinigung in den sog. Area Studies gegen den Strom unterrichtet. Ich habe es natürlich nicht riskiert, dieses Elaborat an den Oberbürgermeister von West-Berlin zu schicken, sondern er empfing von mir einen ausgearbeiteten Beitrag über den Wahlkampf der SPD, der zu wünschen übrig ließ und die amerikanischen Gebräuche. Es folgt sein Dankschreiben.

WILLY BRANDT

1 Berlin 62, den 24. Juni 1964
Rathaus

Herrn Christian G e l l i n e k
885, Elm Street
New Haven / Connecticut / USA

Sehr geehrter Herr Gellinek!

Mit Freude habe ich Ihre umfangreiche Denkschrift vom Juni dieses Jahres gelesen. Die Freude hat eine doppelte Ursache:
Einmal finde ich es bemerkenswert, daß Sie sich auch aus der Ferne so ausführliche Gedanken über unsere gemeinsamen politischen Probleme und über Möglichkeiten ihrer besten Lösung machen.

Zum anderen finde ich es ermutigend, daß wir mindestens in einigen der von Ihnen erwähnten Punkte bereits auf dem von Ihnen vorgeschlagenen Wege sind. In einigen anderen Punkten werden meine Freunde und ich Ihren Anregungen nachgehen, wobei wir allerdings auch nicht so optimistisch sein dürfen, daß sie sich so gradlinig wie von Ihnen formuliert worden sind, in die Praxis der politischen Auseinandersetzungen übertragen lassen.

Einen Auszug aus Ihrer Denkschrift habe ich meinen Mitarbeitern zugeleitet, die sich weiter damit beschäftigen werden.

Für heute danke ich Ihnen für Ihre Anregungen und erlaube mir, Ihnen mein kürzlich erschienenes Buch über meine Begegnungen mit Präsident Kennedy zuzusenden.

Mit freundlichen Grüßen
Willy Brandt

Das Original dieses Briefs liegt in meinem Vorlass im Universitätsarchiv Münster.

DIE ALTE STADT, Vierteljahreszeitschrift für Stadtgeschichte Stadtsoziologie und Denkmalpflege 4/88, S. 531 ff. „Berlin – Kulturstadt Europas auf Identitätssuche?" Damals ergab sich die letzte Gelegenheit für eine Vereinigungsvoraussage, als der Herausgeber, Professor Otto Borst, mir unter dem Motto nach Jeremia 29:7 „Suchet der Stadt Bestes", die Gelegenheit gab, die politisch vergebliche Verdoppelung Berlins stadtsoziologisch zu untersuchen. Hier müssen Auszüge genügen.

Ironischerweise verdankt die bürgerlich-westlich ausgerichtete Bundesrepublik Deutschland indirekt die Größe des Umfangs des späteren Landes West-Berlin der Kompetenz zweier Verwaltungsfachleute, die selbst keiner Partei angehörten. Das Leiden der Berliner Bevölkerung von 1939–1949 tat ein ihres, den Grundstock für eine Steigerung der demokratischen Potenz zu legen. 1988 gelang es dann in einem durch die Ereignisse rasch überwundenen Wissensstand aus diesen Lebenskräften der beiden Stadtteile die richtigen Schlüsse zu ziehen.

Die erste Registrierung bestand in der Beobachtung eines besuchenden Außenseiters, daß die Hauptzentren von Ost- und Westberlin aufeinander bezogen blieben. Es gab also ein auch in den achtziger Jahren noch nicht zerrissenes, und wie ich damals glaubte, „nicht zerreißbares City und Kulturband in Groß-Berlin zwischen seinem Ost- und Westteil. Beide stehen wie zwei Hälften ‚im Kopf' nach wie vor in einem funktionellen und planerischen Zusammenhang" (ibidem, S. 356).

Man musste also, statt fälschlich von einem Identitätsverlust Gesamtberlins zu reden „von einer Verdoppelung sprechen, die als Kriegsnachfolgelast entstanden ist" (357). Diese künstliche Verdoppelung „... einmal zwischen marktwirtschaftlicher Bedürfnisbefriedigung und sozialistischer Funktionalität, zwischen Planung und Repräsentation... musste sich einpendeln." Es herrschte eine unter beiden Stadthälften im August 1987 beobachtete „dialektische Spannung zwischen diesen beiden Stadthälften" (357). „Es wäre noch die Frage, ob auf Dauer die Anziehungskraft der anderen Stadthälfte oder die Freiheitsgarantien der restlichen Bundesrepublik sich als magnetisch anziehender erweisen werden?" „Ich glaube, daß sich der Einfluss der beiden Stadthälften aufeinander früher verstärken wird, als es der wechselseitige Einfluss der beiden deutschen Staaten möglich erscheinen lässt.

Das Ost-West-Verhältnis wird vermutlich einen Sonderweg einschlagen müssen. Aber eine baldige West-Berliner/Ost-Berliner Städtepartnerschaft wird Berlin nicht erspart bleiben, davon [bin ich] persönlich überzeugt". (358) „... und schließlich wird auch die kulturelle Konkurrenz in Gemeinsamkeit einmünden". „Die Arena der weiteren Austragung bleibt, auch was Ideologien im Osten angeht, der Markt von Angebot und Nachfrage". „Registrierbare Leitbilderwandel müssten einer Mauerdesintegration vorausgehen". Wie rasch hat sich das alles nur ein dreiviertel Jahr später verwirklicht. Fast wie selbstverständlich: Findet der Stadt Bestes!

Die Neubauten strahlten keine Vitalität eines neuen Bewusstseins aus, sondern verkörperten als Gebäude Selbstgefälligkeit nach außen, und Zurückhaltung nach innen als Allzweckstockwerke. Dienstleistungsbetriebe für bürgererwünschten Handel von Gebrauchsgütern wurden nur selten in das Erdgeschoß eingebaut. Die Familie wandelte sich zu einem gesellschaftlichen Kollektiv mit beschränkter Haftung. Ähnliche Phänomene wurden auch im Westen registriert. Als die niederländische Regierung in den siebziger Jahren verheirateten Jungehepaaren ab 18 Jahren das Recht auf Wohnung zu billiger Miete gesetzlich einräumte, verunzierten hochgerissene neue Randstädte die Ortslandschaft. Die *flatneurose,* die wohnungsbedingte Nervenschwäche, machte sich auch in den Niederlanden, z. B. in Amsterdam-Bijlmermeer, bemerkbar. Planungsdefizite waren also international anzutreffen, und können nicht vollständig oder allein der DDR-Sozialisierungsplanung angelastet werden. Die psychischen Kosten solcher Prozesse (also etwa der Plattenbau-Neurose) und ihrer entsorgenden Rückgängigmachung kennen wir noch nicht. Sie dürften hoch sein. Heute verfallen solche Plattenbauten zu Tausenden.

Da keine Stadt in der DDR vollständig zerstört war, wurde keine der Wüstung freigegeben. Wäre eine bestimmte Lösung nicht belastet gewesen, so hätte man gerne zu einer „Salzgitter-Stadt"-Planung Zuflucht genommen. Ironischerweise war der Eisenhüttenstädter Planungsarchitekt nach Thomas Topfstedt, *Städtebau in der DDR* (1988), bevor er rechtzeitig der KPD beigetreten war, in Salzgitter noch im Dritten Reich planend tätig gewesen. Währenddessen spielten die Großstädte der Bundesrepublik, z. B. Hannover, in den verkehrsplanerische Überlegungen die wichtigste Rolle. „Der entscheidende Antrieb" lag in der DDR in dem Bemühen, „für die Fließ- und Standdemonstrationen einen festlichen städtebaulichen Rahmen zu schaffen" (S.48). Hier schaufelte sich das Bauleitsystem, wie wir noch sehen werden, planerisch sein eigenes Grab.

Wenige Tage des Jahres in Benutzung, aber im städtischen Alltag maßstablich verzerrt und unfestlich breit – das wurde als Rentabilitätsproblem für den sozialistischen Stadtkern erst spät zur Kenntnis genommen, nämlich, als es sich nicht mehr ändern ließ. Zum Ausgleich der Wohnabwesenheit wurden intensive Wohnungsneubauten an den Stadträndern hochgezogen. Im Frühjahr und Herbst kam in die sonst ruhig wirkende sächsische Mittelpunktsstadt, regelmäßig wiederkehrend, international pulsierendes Messestadt-Leben: Léipzíger Méssestádt! Hören Sie noch einmal die bekannten Sprüche: kéine Gewált! Wír sind das Vólk-Gegensatz: keine Rówdys! [o. D. MfS, ZAIG, Nr. 452/89]. Wír sind ein Vólk! [aus dem Aufruf/Appell Leipzig 9. Okt. 89 AK Gerechtigkeit, AG Menschenrechte, AG Umweltschutz], meint: wir sind es als DDR-Volk auf dem Papier! Ab „Wír sínd éin Vólk" trat die Bewusstseins-Neuformung aus dem Rahmen der DDR-Politikerfahrung hinaus. Es ist politisch zu unterscheiden von dem literarisch entstandenen „Déutschland éinig Váterland" (Bechersche Staatshymne der DDR). In der Bürger-Bewegung wird am „blauen Montag", dem Tag, den man nach einer alten Bürgertradition gegen den Willen der Obrigkeit zum Feiertag macht, das systematisch verdrängte bürgerliche Element Woche für Woche hör- und sichtbar im Fernsehen neugestiftet.

Die Ostberliner Stalinallee war am 17. Juni 1953 zu gradlinig und daher zu leicht kontrollierbar, um eine erfolgreiche Demonstration auf sich abrollen zu lassen. Die „Politik auf der Straße" (K. Czok) kann offenbar nur dann zu Systemveränderungen führen, wenn die benutzte Allee rund, mit eingebautem Feedback sozusagen, gebaut ist, und an eine analogen Stelle ein „initialzündendes" Gebäude vorweisen kann wie die Nicolaikirche zu Leipzig. Ein solcher Ring darf nicht mehr als höchstens 4 km betragen, weil der Durchschnittsmensch nicht gerne weiter spaziert. Der Marschierring muß breit angelegt sein und viele Menschen in freiwilligem Schulterschluss fassen können wie eine Leipziger Promenade. 1990 ist Gellinek den Leipziger Innenstadtring mit einem Teilnehmer und Leipziger Kollegen, Fragen stellend, abgeschritten. Auf einer wie in Leipzig „rundum" gebauten Promenade mussten Bürger schreiten können, denen ein geistiges Messe-Niveau innewohnte, das ihnen im Angesicht einer ruhmreichen historischen Altstadtkulisse zumindest als moralisches Paradigma spontan wieder gewahr wurde. Hier

„riss" die „Politik auf der Straße", nicht nur, wie Ministerpräsident Manfred Stolpe überzeugend formulierte, „die Souveränität an sich", sondern führte durch Leitbildwandel ein stadtpolitisches Drama auf. Damit wird an die Analysen Eberhard Simons, zu viel Objekt, zu wenig Kommunikation, angeknüpft. Stadtsoziologisch aufgelöst hieße das: „Die Straße" in einer gesamtgesellschaftlich angelegten Stadt wie Leipzig stand auf, die Mauer, selbst wenn sie gar nicht die Messestadt umzingelte, musste „jenseits der Ideologie" wegfallen, und endlich in Berlin geöffnet werden. Das sind dramatische Perspektiven, eine Art Bundeshilfe Sachsens an Preußisch-Berlin darstellend. Das Gelöbnis der bürgerlichen Verbrüderung stellt in gewisser Hinsicht eine Neuauflage des alten *civiloquiums* dar. Es ist eine neu-alte Bürgereinung von der Durchschlagskraft, die schon früher Städte bündig erheben konnte. So wurde also die Menge vor der Leipziger Kulisse über Wochen hin zu „einer Sorte Mensch" geeint. Der Städtebau hat dabei Pate gestanden.

Poesie, politische Prosa und wissenschaftliche Polemik zielen alle in die gleiche Richtung. Sie beschreiben auf verschiedene Weise den Drang nach Wiedervereinigung des deutschen Vaterlandes. Die drei Erlebnisstufen sind klar sichtbar: poetisch die studentische Sehnsucht nach der Freiheit, erwachsen politisch die Selbstdisziplin „der kleinen Schritte" (W. Brandt) und stadtsoziologisch das Aufzeigen der Bruchstellen in der Umzingelung der Hauptstadt.

## 2. 1965 -*Igung*/ <Freiheit>, Terror und Unrecht in der DDR 2010

Über den Weg zum Ziel mussten jeden politisch denkenden Menschen Zweifel überkommen. Konnten sie auch poetisch ausgedrückt werden? Ein Echo darauf stuft mein Gedicht

> Wiedervereinigung?
>
> Keiner besang sie bisher, wieso?
> Was ist das: Wiedervereinigung?
> Weiß man sie wirklich zu schätzen?
> Gründet sie auf ein Wiederrecht?
>
> Nach alter Regel zurück zum Stamm:
> Wiederverein
> -igung fiel also ab vom Wiederverein.

Es kann nicht weiter wesentlich sein.
Zu viele Köche verderben den Brei:
-igung, -igung ist bloßes Geschrei.

Der Verein
Steht der Verein jetzt entkleidet wie '37?
Als noch das Land bestand heil und fleißig?
Zu viele Vorständ` verderben den Brei:
„-Wie, -der, -wie" ist auch nur Geschrei.

Verein
Von der Eifel bis zur Elbe keine Lieder
Nimmermehr wie damals wieder
Soll die neue Ordnung fahren zur Sau
Darum, Brüder. Gründet diesmal

E.V.
Sagt, wer dürfte dort den Vorsitz führen?
Wer möchte nicht drüben ein Sozius sein?
Denn eine Mordshetz wär der Proporz jetzt
Zwei zu zweien - - oder eins zu drei.

Noch weiter zurück zum Stamm:

V.
Unrecht rächt das Völkerrecht auf Erden nicht.
Keine Oder-Neiße-Leichen werden
Frieden wälzen auf den Memelstein, keine Lieder
Brüllen, keine Pfänderspiele wieder, sondern:

Unverhangen eisern Freiheit, goldnen Landsfluch
Silbern achten, und Errungenschaften, wo vorhanden
Eingetragen lassen sein; denn zuschanden
Geht sonst euch das neue bessere Grundbuch.

Dieses formal unregelmäßige Prosagedicht zeugt von einer gewissen Originalität. Es zerhackt sozusagen die Gefühle der Deutschen in ihre Elemente. Denn so direkt wurden sie vorher selten auf- und angegriffen. Die Sorge schlägt in ein Anti-Obrigkeitsdenken um, das sich zunächst an die Erhaltung von Errungenschaften herantastet, wie Arbeitssicherheit, Kindergarten- und Kitaplätze und billigen Brotpreis eines urtümlich deutschen Nahrungsmittels.

Diese Probleme spitzten sich nach 1989/90 auf die beiden Gangarten zur Wiedervereinigung zu, entweder nach Art. 146 GG, einer neuen Verfassung gegen den Königsweg nach Art. 23 GG, einem angepassten Grundgesetz.

Andererseits wirkten Unrechtstaten des DDR-Regimes wie Rückstände nach, was Überwachung, Bespitzelung, Freiheitsberaubung und willkürliche Verhaftungen und Einkerkerungen angeht. Diese forderten härtere Abwicklungsmaßnahmen heraus. Historisch betrachtet, hatte die DDR-Regierung zunächst geleugnete, später angenommene Vorbilder in Aspekten der sich geschwürartig ausdehnenden totalitären Staatsherrschaft in Preußen – und das nicht nur im Stechschritt.

Das in Preußen für Juristen und Untertanen erlassene Recht, wie auch das noch heute ständig umgeschriebene und emendierte Recht setzt an die Stelle der Individualethik als Maßstab für das Verhalten die Amtsethik, das abstrakte Juristenrecht an dessen Platz. So wird das Grundrecht gleichzeitig mit seiner Gewährung als Nicht-Naturrecht fast herabgewürdigt. Fall und Fallnorm klaffen ständig auseinander. Deshalb muss das Bundesverfassungsgericht immer wieder auslegendnachkorrigieren. So kann sich das katalogisierte Grundrecht nur von Ereignis zu Ereignis bewähren und von Fall zu Fall durchgesetzt werden. Überspitzt gesagt, trocknet die preußische Staatsphilosophie das Naturrecht aus: das politische Wetterleuchten eines durch Kontrollratsbeschluss 1947 aufgehobenen Staates, der bereits vorher 1932 durch den sog. Preußenschlag von den Nazis annektiert und von Franz von Papen übernommen wurde. Der Verfasser hat sein Leben lang vergeblich nach dem Wertebezug der preußischen Verhaltensweise und ihrer angeblichen Vorbildlichkeit gesucht. Nun ist er, wie vor ihm Christian Graf von Krockow, ein Smend-Seminar-Teilnehmer wie er selbst und von Martin Greiffenhagen, der auch in Yale studiert hat, zum Ergebnis gekommen, daß der moderne Staat als des einzelnen Schutzherr auftritt, ihn aber ebenso oft als sein Vernichter behandelt und verbraucht. Er gibt einen sich ständig verändernden Verhaltensmaßstab ab. Letztlich ist es bestenfalls eine Art Rechenschieber, der den jeweils schwankenden neuesten Stand auf der Skala der Herrschaftslegitimierung abmisst und dann kappt.

Andererseits ist der sozialistische Freiheitsbegriff in der DDR eine fragliche Größe. Ihre beiden Hauptvertreter waren Professor der Chemie Robert Havermann (1910–82), ein Stasispitzel, und der SED Dissident Dr. Rudolf Bahro (1935–1997), ein Dissident. Nach Bahro gab es eine besondere Errungenschaft, „den Primat der Politik".

Havermann bewegte sich auf der politischen Bühne physisch und ideologisch von West nach Ost Berlin, Bahro von Ost nach West Deutschland;

es ist die Frage, ob es sich dabei um zwei terminologische Richtungsveränderungen oder bloß um einen Standpunktwechsel auf éiner politischen Skala gehandelt habe?

Unsere Ausgangsfrage lautet: Hüpft man begrifflich wie Havermann, bleiben Gegenbegriffe blockiert, springt man ab wie Bahro, werden Alternativbegriffe eingeholt. Während die Endpunkte auf einer solchen Skala, Freiheit und Zwang, eindeutig sind, bleiben die Zwischenmarken fragwürdig: Gibt es sozialistische Informationsfreiheit? Überwachung? Hausarrest? Reisefreiheit? Auswanderung?

Gestattet der Staat, wenn er selbst ein ummauertes Gefängnis ist, wenigstens Gedankenfreiheit? Zwang ist überall desorientierend widerwärtig, Fast-Freiheit als Sammelbegriff hat eine unethische Auswirkung und eine unästhetische Nebenwirkung. Ist der sozialistische Staat als Überwacher und Garant berufen oder unberufen, die Freiheit auf seine Weise zu verteilen, kontrollieren oder gar zu beschneiden?

Theoretisch bleibt zu erörtern, ob es sich wirklich nur um eine x-achsige Freiheitsskala handelt oder ob sich noch eine y-Achse vom Einzelmenschen durch den Sozialismus zum Bürger rechtwinklig miterstreckt? Ist die Freiheit überhaupt ein fest umrissener Begriff der Politikwissenschaft? Besonders merkwürdig, daß beide Philosophen in Unfreiheit bei ihrer Anklage auf Freiheitsentzug durch den gleichen Rechtsberater, Dr. jur. Gregor Gysi, der sich frei in den Westen bewegen konnte, als Anwalt, dem sie beide (mit Recht?) vertrauten, vertreten wurden.

Im Gedicht und meinen kurzen Ausführungen 45 Jahre später, 1990 und 2010, handelt es sich um das Verständnis der politischen Begriffe „Errungenschaften" und „sozialistische Freiheit". Re Errungenschaften:

Es wird aber impliziert, daß die Bundesrepublik Deutschland auf die östlich der Oder-Neiße-Grenze liegenden deutschen Territorien werde verzichten müssen. Fünf Jahre nach Abfassung des Gedichts holte der Warschauer Vertrag die gedichtete Vorstellung ein. Die endgültige Anerkennung der polnischen Westgrenze wurde im Deutsch-Polnischen Grenzvertrag von 1990 und der Aufhebung des alten Art. 23 GG völkerrechtlich festgeschrieben. Dieser völkerrechtliche Nachbarschafts-Vertrag trat 1992 in Kraft. Des Verfassers Friedenswunsch eilte der Realität 26 Jahre voraus. Aber er wurde erfüllt. Das vorausgesagte „neue bessre Grundbuch" hat die friedensblockierende Hypothek getilgt.

Freiheit: um der sozialistischen Freiheit, wie sie anfangs in der DDR herrschte, auf den Grund zu kommen, muss man die Verfassung der Deutschen Demokratischen Republik (DRV) von 1949 in Betracht ziehen und ihren Freiheitskatalog Revue passieren lassen. Er will die Freiheit und die Rechte des Menschen aufzählen sowie verbürgen, also von amtswegen den Bürgern gegenüber Verfassungsmäßigkeit garantieren. Diese dem Erlass des Grundgesetzes (GG) nur viereinhalb Monate später folgende, im Eiltempo erlassene Verfassung ruht wegen einer spürbaren Textunsicherheit stark auf der Weimarer Reichsverfassung (WRV) stärker als das GG, das sich gerade von ihr abheben wollte. In beiden Nachkriegsverfassungen dient die Volksgewalt dem Wohle des Volkes.

Die DRV stellt, wie schon in Weimar, die Freiheitsrechte des Einzelnen den Verpflichtungen dem Staat gegenüber, während das GG von der sozial-isolierten Würde, also dem Recht des Einzelmenschen, ausgeht und die Rechte, die vor Staatsübergriffen gesichert sind, zu Grundelementen der Staatsgewalt erklärt. Obwohl beide Verfassungen anders gelagerte Ausgangspunkte gewählt haben, nämlich hüben die Unverletzlichkeit, drüben die Verbürgung vor Verletzungen, ruhen letztlich beide auf den überkommenen bürgerlichen Freiheitsvorstellungen des 18. Jahrhunderts.

Auf beiden Hälften gilt die Freiheit per se als Ausgestaltung von Freiheiten (pl.) in verschiedenen Kontexten. Die Freiheit im Westteil ist vornehmlich der Bewahrung der Würde, also dem Wohlergehen des Einzelnen (W Art. 2, Abs.2 Satz 2) geschuldet, im Ostteil dem kollektiven Wohlergehen des Volkes (O Art. 2, Abs. 5) gewidmet. Hier muss die Freiheit von Staats wegen geschützt werden (W Art. 1), dort der Freiheit staatlich gedient werden (O Art. 8 und Präambel). Ist das ein fundamentaler Unterschied?

Im Grundrechtskatalog Bonns, Art. 2 bis 19, erscheinen „Freiheit" und „frei" im ganzen vierzehnmal im Text aufgezählt, in Ostberlin, Präambel und Art. 1 bis 10, sparsamer neunmal. Es ist offensichtlich, dass der zweite, in grösserer Eile als Kontrafaktur entworfene Text, wie auch der erste, von deutschen Juristen erarbeitet wurde, die während des Zweiten und Dritten Reichs nach gleichen Richtlinien ausgebildet worden sind. In einer Hinsicht, die Auswanderungsfreiheit betreffend, folgt die DRV (O Art. 10, Abs. 3) der WRV (Art. 112, Abs. 1), nicht jedoch das GG.

Es ist zu prüfen, ob sich begriffliche Widersprüche im Freiheitskatalog der DRV erkennen lassen und ob es vornehmlich solche waren, die den

Gesetzgeber veranlassten, der ursprünglichen Verfassung in rascher Folge 1968 und 1974 Neuformulierungen grundsätzlicher Art zu unterlegen; und zweitens, ob dadurch des Bürgers Anliegen, „seine Geschicke frei zu bestimmen", im sozialistischen Sinne anders als vorher gewährt werden sollte. Die 1974 erneuerte Präambel sagt jedenfalls unmissverständlich, ihr neues Ziel sei es, sich nunmehr nicht wie das GG als bürgerliche, sondern als „sozialistische" Verfassung zu verstehen. Ist danach die „sozialistische Freiheit" ein politisches Oxymoron oder verfassungsjuristisch eine echte Neuschöpfung?

Zugegeben, in unserem zweiten Beispiel sind das politische Gedicht und die folgende Prosa weiter als bisher voneinander entfernt. Das liegt an der juristischen Materie, die aufgegriffen wird. Wichtig bleibt die Frage der letzten Zeile: „Gründet sie auf ein Wiederrecht"? Sie begründete sich durch einen friedlichen Aufruhr, auf Glück und Verstand, d. h. Verhandlungsgeschick der Deutschen Regierung. Es basierte auch auf dem angehäuften Vertrauen gegenüber den Alliierten und last but not least auf der einer mächtigen Wirtschaft und der dadurch zur Verfügung stehenden Finanzkraft. „Goldnen Landsfluch silbern achten" heißt zweierlei. Erstens, das Unrechtssystem, das die DDR oktroyierte auszugleichen und zweitens, der Zusammenhang der Shoa mit den Wiedergutmachungszahlungen an Israel, mit dem uns „die Staatsräson" verbindet. Im Übrigen sollte der unregelmäßige Aufbau des Gedichts die Katastrophe ausmalen, die über Deutschland niedergegangen war und von der wir von außen befreit werden mussten.

## 3. 1971 *Katerland* / Städtisches Grundbuch und der Zorn des Potsdamer OB 1991

Das Katerlandslied

Der Gott der Gräser wachsen ließ
der gab uns manche Winke
drum reicht er Pfeife, Paff und Kies
dem Mann in seine Linke
drum gab er ihm den Liebesmut
den Zorn der freien Weise
daß er beende bis zur Glut
am Morgen seine Reise.

So wollen wir was Gott gewollt
mit Kennermiene halten
und mit Marihuanagold
in Menschenhirnen schalten
doch wen dann Tand und Schand anficht
den hauen wir nicht zu Scherben
der soll im deutschen Lande Gicht
und Herzbeschwer erwerben.
O Träumeland! O Katerland!
O Gräser schmacht und treue!
du Psycheland, du delisch Land
dir schwören wir aufs neue
den Stiefel und den Stiefelknecht
den mögen fressen Schaben.
So ziehen wir zu Halluzina-
und wollen –nationen haben.

Lasst rauchen was nur rauchen kann
in hellen lichten Flammen
ihr Gammler alle unterwegs
ins Katerland, zusammen
senkt die Pfeife höllenwegs,
hebt himmelan die Hände
und rufet alle Pan und Pfau,
die flaue Flaute ende.

Lasst lungern was bloß lungern mag
gebt Arbeitslosen Stützen
wir wollen heute Langemarck
auf unsre Art verschwitzen
mit Henckell feucht und Cliquotglut,
o süßer Tag der Lache,
das klingt nach Sekteuropa gut,
das ist die kühle Sache.

Lasst lieben, wer noch lieben kann,
wir wollen dafür jedermann
in unsern Reihen haben;
dann fliege hoch das Liebspanier
vorab den schwanken' Reihen
wir leben oder sterben hier
in süßen Schweinereien.

Mein Gedicht ist eine schnöde Parodie auf Ernst Moritz Arndts Vaterlandslied von 1812, „Der Gott der Eisen wachsen ließ". Es war auf Seiten der preußischen Befreiungskrieger, die z.T. auf Napoleons Seite mitkämpfen mussten, gegen die Franzosen gerichtet und wurde als Kampflied der Verbindungsstudenten und Männergesangsvereine sehr populär.

Meine Parodie entstand anlässlich einer einzigen Marihuanarunde, der ich je beigewohnt habe. Sie beeinträchtigte mein Schaltzentrum für 1–2 Stunden. Jedermann sprach über *joints* und der Text richtet sich, dieser Atmosphäre entsprechend, gegen das Spießertum (etwa die des Sängers Heino!), die nie daran genippt haben.

Es folgt im Aufbau Arndts Schema und fordert die „flaue Flaute" alliterativ heraus. Es richtet sich auch gegen das Massensterben etwa bei der Schlacht bei Langemarck in Westflandern im Oktober/November 1914. Über einhunderttausend deutsche Soldaten, darunter angeblich viele (aber in der historischen Wirklichkeit nur ganz wenige) Studenten starben den Heldentod mit einem solchen patriotischen Lied auf den Lippen.

Entschuldigend sei vermerkt, daß eine solche *session* 1971 in Gainesville, Florida stattfand während einer fröhlichen Zechrunde. Der Tag der abschreckenden Rache wird umgewandelt in einen solchen der Lache. Ein Professor sollte sich nicht, auch nicht einmal, dafür hergeben. Deshalb fehlt es am Ende des Gedichts nicht an Selbstkritik.

Zwanzig Jahre später bei ebenso fahlem Licht und muffiger Luft und äusserlich zerbröselndem Mauerwerk des Magistratsgebäudes Potsdam an der Friedrich-Ebert-Straße gelang eine ganz andere Überraschung. Dort arbeitete ich vorübergehend an der Tausend-Jahr-Feier beim Magistrat und der sich mausernden Universität Potsdam mit. Im obersten Stock stieß ich zufällig auf einen verstaubten Flur in einer abgetrennten Kammer des Bodengewölbes auf fünf sehr hohe Regale – bis unter die Decke voll mit alten Folianten. Wie lange mochten sie dort schon lagern?

Als Rechtshistoriker erkannte ich am Format, der Beschriftung und dem Aufbau die alten Grundbücher der Stadt. Sie waren dorthin aus dem Staatsarchiv ausgelagert worden. Es waren aber keine ordentlichen Grundbücher, sondern willkürlich „geschwärzte". Solche Schwärzungen wurden nach der Kapitulation im Mai 1945 gemäß Alliiertem Recht vorgenommen. So wurde in der Sowjetischen Besatzungszone Volkseigentum gebildet. Es genügte eine politische Unliebsamkeit, eine Nazivergangenheit oder eine Denunziation und es konnte ein derartiger illegaler Eingriff auf

Grund der Anordnung und des Gutdünkens eines sowjetischen Besatzungsoffiziers vorgenommen werden.

Das ist der Zusammenhang: im Ausnahmezustand trennte eine Marihuanazigarette im schwarzen Rauch kurzfristig von der Realität. Eine Tinten-Schwärzung, die als *smokescreen* zur Unleserlichkeit führte, machte einen Anspruch für immer bis zum Systemumschwung zunichte. Dabei dürfen in ein preußisches Grundbuch nur durch Rechtsnormen erlaubte Eintragungen vorgenommen werden. Darüber wurde im Januar 1991 in der Tageszeitung für Brandenburg berichtet, die vom Axel SpringerVerlag kurz vorher übernommen worden war.

Ohne eine Rechtsgewissheit der Eintragung bricht die Vermutung des Grundbuchs zusammen. Im Falle von Vermögensverwaltung, Eigentumsklärung oder Neuinvestierung kann eigentlich nicht rechtsverbindlich gehandelt werden. Die Bücher waren vom Regen etwas nass geworden, abgebröckelter Schutt, Plattenteile lagen auf der wertvollen Dokumentensammlung, Staub- und Schmutzschichten bedeckten die Einbanddeckel. Ich hatte ein „Spiegelbild der privaten Besitzverhältnisse entdeckt", das eine DDR-Geschichtsbetrachtung des Mißachtens privater Besitzverhältnisse verriet. Diese Grundbücher, deren Jahrgänge vollständig waren, hätten „aus der feuchten Kammer herausgeholt werden müssen", um sie zu reinigen, ordentlich zu lagern „und vor unbefugtem Zugriff zu schützen". Um die unterstellten Interessen der Stadt aufrecht zu erhalten, brachte ich unbefugt ein Vorhängeschloß an.

Ich wurde in der Kantine zum Tisch des Oberbürgermeisters zitiert. Er hieß Horst Gramlich und war auf diesem Posten von 1990–98 der Vorgänger von Matthias Platzek. Von Beruf war Dr. Gramlich an der Pädagogischen Hochschule „Karl Liebknecht" in Potsdam-Babelsberg Dozent für Planerfüllung gewesen, um „dem Sozialismus dienstbare Geister auszubilden". Heute ist diese ehemalige Pflanzschule des Sozialismus als demokratische Universität Potsdam „das Bildungsflaggschiff des Landes Brandenburg". Ich habe dort als Gastprofessor auch einen Kursus über das Collegeleben an US amerikanischen Hochschulen unterrichtet und wurde wie ein Auswanderungskonsul eingeschätzt. Davon wusste der OB nichts. Der Mann, der sonst angeblich wegen seiner „Entscheidungsschwäche" bekannt, war wütend und schrie mich an: „Wie kommen Sie dazu, ein Vorhängeschloss auf dem Boden des Magistrats anzubringen"? Ich war ja doch ein unbedeutender Angestellter! Der Ärger hatte einen ganz anderen Grund. Es gab eine neue komputerisierte Grundbuchversion, die beim Amtsgericht Potsdam schon lange vorher angeblich ordnungsgemäß (aber in Wirklichkeit heimlich mit schlechtem Gewissen) hinterlegt worden war und die man als bestallter Notar einsehen durfte. Davon sollte ich keinen Wind bekommen. Ich habe ihm kompromissbereit den Schlüssel ausgehändigt, denn er war als OB über mehrere Stufen mein Vorgesetzter.

Es scheint zwischen dem kühnen Gedicht und dem eigenmächtigen Vorgehen nur eine lose Beziehung zu bestehen. Und doch durchbrechen beide die eigentliche Realität und geben zu denken. Das alte Vaterland war verkatert und in einem chaotischen Zustand. Der Gastarbeiter beim Magistrat und der Universität mit Büro im Neuen Palais und sogar einem Haustürschlüssel warf nach einem halben Jahr das Handtuch und kehrte nach Münster zurück.

## 4. 1971 *Deutschland* / Die Sprache Deutsch ins GG? 2008

Deutschland

Deutschland, arm Land,
Land fataler Gespenster,
Stätte verrosteter Fenster
ins Nichts – kläre den Blick
ins nächste Land, die DDR,
deinen zweieiigen Halbbruder,
verlach ihn nicht, Kain,
bettle lieber, Abel, umarm ihn,
werbt um euch mit heißen Sprüchen,
steckt alle Schläge ein,
nehmt jeweils das Gesabbel hin,
als wär's ein Lied vom Selbst.
Breitet aus die Schenkel
und saugt an den Samen,
seid einig, seid kommunisch,
niemand als ihr beide
werdet je sonst schwanger gehen
mit dem Kind Konföderation.
Seid darum einig, eineiig einig
und helft Europa BreDeEu zeugen.
Oder Abel schlägt dich tot.
Oder aber Kain...

Dieses Prosagedicht ist zwar gedanklich nicht ohne Scharfsinn, aber ist doch stilistisch wenig geglückt. Der erste Satz zieht sich über zwölf Zeilen, der zweite über sechs, der dritte drei und der vierte ist nur ein Halbsatz. Die sich so zuspitzende Aussage gibt die Situation wider, die 1989/90 kurz vor der Kohl-Rede im Bundestag tatsächlich geherrscht hatte. BreDeEu ist schwerfällig, trifft aber doch den Kern der Sache. Die sexuellen Anspielungen schienen mir bildhaft erforderlich zu sein.

Gesabbel meint die politische Propaganda. Bloß die am Ende ausgesprochene Furcht vor einem Bruderkrieg hat sich als übertrieben herausgestellt. Die Voraussicht auf eine Bundesrepublik in Europa zeigt Klarsicht. Eine Stufung besteht in einer Führung nach oben zu einem Höhepunkt. Die Vereinigungsverträge von 1990 fielen mehrsprachig aus und waren insofern gleichberechtigte Friedensinstrumente.

Die Gemeinsamkeit und der Kontrast finden sich in einem 36 Jahre später eingesandten Leserbrief an die Westfälischen Nachrichten.

Die Sprache in der Bundesrepublik *sei* Deutsch

„Die Sprache in der Bundesrepublik ist Deutsch" befand jüngst die Mehrheit eines Parteitages. Nur – eine Sprache *ist* nicht in einem Land, sie kann gar nicht *sein*, sondern sie kann viel mehr: Sprache spricht, hört oder schreibt man in seinem Land. Die lebendige Sprache wird dort, mehr oder weniger klar, geredet, verstanden und gedruckt. Deutsch über alles? Vorsicht - Porzellan zerbricht am Tage, Kristall in der Nacht. Das Deutschsprechen endet nicht immer an den Grenzen der Bundesrepublik. Und auch wenn Deutschland keine Bundesrepublik wäre, und da sei Gott vor, bliebe doch Deutsch, wie seit tausend Jahren, die Sprache des Landes. Und manch eines Politikers Sprache ist so verhunzt, daß man kaum noch versteht, er möchte halbwegs Deutsch gesprochen oder schlecht abgelesen haben.

„Die Sprache in der Bundesrepublik ist Deutsch" darf also keinen politischen Verfassungsrang erhalten, weil eine solche Grundgesetzänderung keinen politischen Gedanken abfasst, sondern eine Gedankenlosigkeit verbrämt, für die im Grundgesetz auch in freiester Selbstbestimmung kein Platz ist.

Hier tritt zwischen den beiden Äußerungen zwar eine Kluft auf, aber die relative Nähe ergibt sich trotzdem aus dem Bild vom Gesabbel. Deutsch ist normalerweise für die Sprecher eine Muttersprache. Sie hält vor allem in der Wiedervereinigungsfreude nach innen zusammen und schottet die

Sprecher nach außen ab. Es gab zwischen den Alten und den Neuen Bundesländern große Dialektunterschiede, aber das Hochdeutsch, das ja eigentlich ein Zeitungs- und Fernseh-Hochdeutsch ist, unterschied sich nur gering. Amtsdeutsch in der alten Bundesrepublik und gewundenes Parteichinesisch ertönten wie die Sprachen von Abel und Kain. Sie wurden diesseits und jenseits der Mauer durchschaut und verstanden. Sie nahmen beide ihren gehörigen Platz ein.

Es ist für das deutsche Verfassungsleben bezeichnend, daß im GG weder die Währungseinheit DM noch die geistige Einheitssprache Deutsch als konstitutionelle Kriterien breit ausgeführt werden. Zum Glück und Segen gibt es kein verfassungsgeschütztes Ausländer-Raus-Deutsch, noch ein von oben angeordnetes Staatsziel-Deutsch. Insofern ist es weise vom Grundgesetz, dem Deutschen in Art. 3, Abs. III, S. 1. bloß einen bescheidenen Nebenplatz als Diskriminierungsverbot einzuräumen.

Nach § 184 Gerichtsverfassungsgesetz ist Deutsch die Amts- und Gerichtssprache. Aber es kann unter Umständen auch, beim Jawort zwischen Braut und Bräutigam etwa in Bremen, das Plattdeutsche hinreichen. Denn Platt- oder Niederdeutsch ist kein Dialekt des Deutschen, wie manche meinen, sondern, wie Hochdeutsch, Deutsch. Die Große Anfrage des Parlaments hat den föderalistischen Charakter beider deutschen Sprachzweige in seiner Großen Anfrage vom 2. Juli 1993, pikanterweise auf Plattdeutsch vorgetragen, in Erinnerung gebracht. Darauf habe ich in einem kurzen Artikel, Plattdeutsch ist Deutsch, in den Westfälischen Nachrichten Dezember 1993, Bezug genommen.

## 5. 1972 *Anti-Goya* / NKWD und russische Gutmütigkeit: Perspektive 2014

### Anti-Goya

Why did I fail to kill the sleeping Ivan
who sound asleep in Berlin moonlight
stood there before me in the darkness,
my *Karabiner* aimed at his broad chest,
his right arm slung on his *bazooka*,
and dead-asleep in May of Forty-Five?
I did not think of Ivan's mother
who would have wept at her son's

useless wither, but sneaked instead
around him like Tom Sawyer
In gallant flight for my own life,
for I'm not Goya.

By now this surplus bullet
wanders uncocked in my mind
what ever did become of Ivan later?
An engineer? Then I helped create his plans.
A future Beria? Then I participate in murder;
or a writer perhaps like myself? That makes
me smile; or a simpleton milking a Ukranian cow
with trembling hands? That makes me thirsty.
Or punching tickets for a concentration camp
of learning party discipline? Accomplice me.

It is not really I who wish to know
it is I the uncocked bullet which gyrates
in my head which wants to know and
will not set one's mind to rest. No hero
without us, the bullets. No saving lives in moonshine,
let alone an iron will to live, no trembling hands,
no aim, no murder. We bullets are a loss of metal.

Ten thousand comrades of us make a Lenin statue
or at least the pedestal for one gypsum Ilyitch,
his short-necked head erect with piercing Tatar eyes
like bullets. I would sneak around them like Tom Sawyer
in the largest little Red Square. I'm no Goya.
His right arm outstretched, a *bazooka*'s barrel,
Red-hot aimed at me. I'm Anti-Goya.
My bullet punctuated no one in particular.

**Dieses gehaltvolle Gedicht beruht auf einer wahren Begebenheit. Vierzehnjährig eingekesselt auf dem Döberitzer Truppenübungsplatz stand ein Russe vor mir im Mondschein und schlief im Stehen. Er drehte mir den Rücken zu. Ich beschloss ihn zu umgehen. Ich habe ihn verschont, weil ich so leise wie möglich ausbrechen wollte. Die Reflexionen, was passiert wäre, hätte ich getötet bzw. hätte er mich getötet, stehen im Hintergrund. Ich versuche, eine Mittelstellung zwischen einem Feigling und einem Pazifisten einzunehmen. Die Rückschau-Perspektive geschah erst in den siebziger Jahren des vorigen Jahrhunderts. Ein stilistischen Einfluss des russischen Dichters Joseph Brodsky ist unverkennbar.. Daß man Gewehrkugeln in ein Standbild**

umgießen kann, verwundert vielleicht. Die Kugel wird hier zum lyrischen Ich und macht sich selbstständig auf die Reise. Im Hintergrund steht Goyas Gemälde der spanischen Freiheitskämpfer. Ich habe nicht sein Format. Insofern meine Kugel ihr Ziel verfehlt, trifft sie aber dichterisch ins Schwarze. Am Ende stehe ich als überlebender Anti-Goya vor der Leserschaft. Es ist ein locker gefügtes Prosagedicht. Damals war Englisch meine Unterrichts- und Verkehrsprache und ich schrieb das meiste in dieser Sprache.

Der Anlass zu dieser Abfassung war ein Aufsatz über Hitlers letztes Aufgebot mit Panzerfäusten auf Fahrrädern in Spandau. Man konnte seine Klassenkameraden erkennen und erwischte sich bei einer abgelegten Identität in der New Yorker Staatszeitung. In einer kurzen NKWD Gefangenschaft am Schragen 17 in Potsdam wurde ich nicht nach der Genfer Konvention behandelt und dachte lange, daß ich meine überraschende Freilassung meiner Schlagfertigkeit verdankte. Heute weiß ich, daß es eher die Gutmütigkeit des wachhabenden Hauptmanns gewesen sein muss. Oder wie Alexander Puschkin es als Trost an die, welche in Sibirien sich zu Tode schuften mussten (was auch uns blühen sollte): „die Freiheit wird euch freudig am Eingang empfangen." Aus freier Güte nach einem langen prüfenden Gespräch entließ er mich aus Gewissenstugend. Er musste ein *duschà elowèk*, eine Seele von einem Menschen, gewesen sein. Das Gedicht bringt diese Einsicht in eine Art Widerhall einer Mondscheinsilhouette. Diese jetzige Perspektive konnte ich erst einnehmen, nachdem ich mich mit dem Urrussen Alexander Puschkin beschäftigt habe.

## 6. 1972 *Eigene Wiedergeburt* / Das Fulbright Zeiterlebnis 1982

Eigene Wiedergeburt

Heute Morgen fasste ich den Vorsatz
zu fahren einmal rückwärts jene schwere Reise,
sie bis zum Ursprungspunkte durchzuwaten.
Zu meiner größten Überraschung langte ich
in einer Stunden Rückwehe in meiner Mutter Leib an,
sog den linken Daumen langsam an die Lippen,
saugte, legte meine Rechte auf die Stirn,
und Wampendunkelheit umfing mich völlig.

> Meine Knie hatten sich von selber hochgezogen.
> Vollbeschützt und selig lag ich da, meine Geburt
> noch einmal, wenn auch diesmal nabellos, durchlebend.
> Wohlig stieß ich durch die Scheide urschreiend nach innen
> Augen zu begrüßen: vollzogen ist der Schnitt,
> ein Kaiser ist es nicht geworden.

Dieses Prosagedicht halte ich sprachlich und bildlich für gelungen. Es stuft eine Rückgeburt zunächst inwärts und dann auswärts. Rückwehe, Wampendunkelheit und nabellos sprechen dichterisch an. Das Bild eines überraschend ablaufenden Kaiserschnitts suggeriert sich wie von selbst. Endreime wären hier nicht angebracht gewesen.

Das Fulbright Stipendium als Zeiterlebnis an der deutschen und amerikanischen Universität

Zeit ist eines Wissenschaftlers kostbare und gewichtigste Größe. Der objektive Zeitablauf wird nicht nur von Historikern unterschiedlich erlebt. Ein Veränderungseingeübter Mensch kann verschiedene und gegensätzliche Zeitspannen in sich tragen. Ob er sie auch fruchtbar verarbeitet, ist eine andere Frage. Ich soll heute aus einem bestimmten Zeitrahmen zurück- und hinaustreten und Rechenschaft darüber ablegen. Beim Rentenantritt werden Sie merken, daß manches schöne Stipendium mit einem Nulljahr an Sozialversicherungsbeiträgen erkauft werden musste, d. h. wenn Sie von der anderen Seite des Teiches angereist kamen. Die Uhren gehen anders. Sie beginnen Fachabweichungen wahrzunehmen, was die Zuhausegebliebenen KollegInnen nicht gleichermaßen interessiert. Man wird Ihre neuen Meinungen als Störungen des Normalbetriebs ansehen. Neben der Befriedigung über das Ergebnis werden Sie kleinere bis größere Existenzkorrekturen bis -verwerfungen an sich bemerken.

Ein geistig lohnendes Stipendium wirft eine vorhergehende Existenzplanung glatt über den Haufen, so wie eine Ablehnung auch als eine Warnung des Schicksals verstanden werden kann. Sollten Sie zum Buchhalterischen neigen, bewerben Sie sich erst gar nicht, weil die Rechnung nie ganz aufgehen wird. Es kann passieren, wie mir 1980, wenn die holländische Quote voll ist, daß man sich von der Arbeit, die einem das ‚Fulbright' in Den Haag aufgibt, vom Standort Friedenspalast auf die Bestände der Westfälischen-Wilhelms-Universität in Münster umzustellen hat. Damals gab es dort schon eine DFG-Sammelstelle für Niederlande-Studien, heute wächst in Münster ein

Niederlande-Zentrum. Da Sie scharf arbeiten müssen, denn die Zeit drängt, stellt sich in der fremden Bibliothekswelt vielleicht ein veränderter Realitätsbezug ein. Die Aufstockung Ihres wissenschaftlichen Potentials als ‚Fulbrighter' in ausländischen *stacks* wird später an Ihrer Heimatuniversität eventuell als irritierend empfunden werden. Der neue Mangel an fremdsprachlich begründeter Zeitknappheit kann segensreich, aber auch von Ihrem *chair* als Gegenwartsentwertung aufgefasst und übel genommen werden.

Eine Verknüpfung eines DAAD-‚Fulbrights' auf anderthalb Jahre kann eine interdisziplinäre Zeitorientierung vorprägen, die Sie nicht so leicht wieder abschütteln können. Eine zeitweilige Abkoppelung von gewohnten sozialen und sprachlichen Bezügen führt verstärkt zu dem, was Helmut Schelsky Einsamkeit und Freiheit genannt hat. Man erlebt als ‚Fulbright'-Gast diese freiheitliche Einsamkeit als Systemveränderung und Funktionsverschiebung im Vergleich mit dem vorher Gewohnten. Ich musste bereits in den frühen siebziger Jahren erleben, daß es in Düsseldorf eine Kultusbehörde gab, die einem gegen Zahlung von 75 Mark die Führung der Bezeichnung „Ph.D./Yale" in der BRD gestattete. Deshalb leistete ich mir unamerikanisch 1975 den Kniefall einer Schweizer, gewissermaßen abendländischen Habilitation, um endlich die europäischen Vorbehalte gegen nord-amerikanische *degree*-Abschlüsse mit Efeu-Liga-Geruch auszuräumen.

An meinem *college* ging es in kleineren Schritten um die Vorbereitung auf das Leben, auch vielleicht auf das eines Graduierten-Studiums. Aus meiner Einzelperspektive kann ich das 1994 abgegebene Votum des Schelsky-Nachfolgers als Rektor an der Universität Bielefeld bestätigen, der da sagt: ... „das nord-amerikanische Hochschulsystem – aufgrund anderer schulischer Voraussetzungen – [hat] sich offenbar [Wilhem von] Humboldt gemäßer verhalten als das deutsche". [*sic*!] Das liegt an der so scharf gezogenen Trennung von Einführungsstudium auf der College-Ebene im Vergleich mit der *Graduate* oder *Professional School*-Ebene. Die College-Erziehung in Nordamerika vermittelt der Idee nach in jedem Fall ein Grundlagen- und Ausbildungsstudium, das Folgestudium in jedem Fall ein mehr oder weniger gründliches wissenschaftliches Studium. Ersteres lehrt einen flexibel vorgestellten Kanon, der zu einer subjektiv deutlich empfundenen Bewusstseins-Bildung führt oder führen soll; das aufbauend nachfolgende *graduate* Studium [etwa in Jura oder Soziologie] verlangt und registriert objektiv messbare wissenschaftliche Kenntnisse, Verfahren und Fortschritte.

Diesem Humboldt'schen Ideal, ohne so genannt zu werden, wird noch heute an den *Ivy League*-Universitäten, aber auch an den angeseheneren Staatsuniversitäten, nachgestrebt. Man findet so gut wie überall einen mehr oder weniger zeitlich/baulich gewachsenen „*campus*" vor, ein *alumnus/alumna* Büro, die Aura einer kleinen bis großen, bedeutenderen „*alma mater*", die zumindest theoretisch – übrigens genau wie die Fulbright Organisation – als „segenspendend" und „wohltätig" empfunden wird. Ich, auf der anderen Seite, habe noch heute einen Rochus auf die bekannte Universität an der Leine, die an der Kette des Staates liegt, weil sie mir und tausenden anderen Mitstudenten kein menschliches Verbundenheitsnetz mit ihr als Institution gespannt hat, sie jedenfalls damals in keiner Weise als *alma mater*, sondern eher wie ein *alvus pater* auftrat und handelte, so daß ein Kollege von mir und ich aus abweichenden Gründen beschlossen, auf getrennten Wegen nach Nordamerika auszuwandern.

Eine deutsche Universität sucht eben ihre Studenten gar nicht, sondern nimmt sie nur auf, nicht *an*. Amerikanische Colleges und Universities *suchen* ihre talentierten Zulassungsstudenten in allen 50 Staaten, ja sogar manchmal in Übersee. Wie viele deutsche Fachprofessoren bekommen Empfehlungsbriefe erfahrener Studienräte über deren ehemalige Schüler je zu Gesicht? Es ist ihnen, den Durchschnittsprofessoren, meist egal, wie ihre Studenten heißen mögen, und was sie auf dem Gymnasium (falsch oder richtig) gemacht haben. Deren Abitur wird von der Zentralstelle als Koeffizient errechnet und gewichtet. Ich möchte an dieser Stelle bemerken, daß sich im Gegensatz zum Staat und seinen Prüfungsbehörden die Fulbright Kommission *nicht* in das Einzelprogramm ihrer Stipendiaten hineinmischt, sondern sich, wie es Humboldt verlangte, heraushält, also in ihrer Auswahl deutlich Humboldt-konform vorgeht.

Eine forschungsnotwendige DFG-Unterstützung ohne erneute Eindeutschung, d.h., ohne amerikanische Ausbürgerung, kam nicht infrage. So sprengte meine neue, zukunftsgerichtete Zeitorientierung den bisher erarbeiteten Rahmen an einer amerikanischen Staatsuniversität und führte zu einem inneren Westfälischen Unfrieden mit dem erlangten Status eines ehemaligen *full professor* und dem neuen unwilligen System. Es erbrachte andererseits den Erweis, sicherlich interessant für deutsche Kultusministerohren, daß es in Grenzfällen und vielleicht noch öfter auch ohne „auf Lebenszeit" abgehen kann. Der Spargeier läßt grüßen. 1987 ff. konnte ich mich aufgrund einer Einladung als Gast dem Institut für Vergleichende Städtegeschichte anschließen, so daß Stadtkulturforschungen durchführbar wurden, die mir in Florida nicht möglich gewesen wären. Ironischerweise lauteten die Arbeitsergebnisse, unbeabsichtigt hochtrabend, „Friedensessais zu Grotius und Goethe", „Pax optima Rerum: Der Friedenssaal im Rathaus zu Münster", aufgegebene Standbein musste durch luftige Zukunftsorientierung und durch rechtsgeschichtliche Konstruktionen als Untermauerung kompensiert werden. Damit ging eine vorübergehende Zeit-Desorientierung, sprich Ent-Amerikanisierung, und hoffentlich nur vorübergehende Humorlosigkeit als Entgelt für die genommene Freiheit Hand in Hand. Die Zukunftserwartung konnte auf dieser geschmälerten Untersuchungsbasis zwar zufriedengestellt werden, aber der Preis war hoch. In diesem Rahmen, wenn es denn ein Rahmen war, gerät die vergleichende Forschung in Gefahr, Alibifunktionen zu übernehmen. Das braucht hier nicht näher ausgeführt zu werden, obwohl es einen Sonderausfluss des Fulbright-Stipendienwesens und so etwas wie eine Loyalitätsentfernung darstellen dürfte, die sich bei anderen Kommilitonen, wenn auch wohl in gemilderter Form, ähnlich abgespielt haben könnte. Jedenfalls erzwang diese mehrjährige Selbstläuferperiode *an* der Universität Münster in mir eine Art „Selbständerung". Insofern mag meinem ‚Fulbright'-Zeiterlebnis eine kleine exemplarische Komponente anhaften, die der öffentlichen Mitteilung verlohnt. Eine Bürgerumfrage zum Geschichtsbewusstsein, die indirekt auf Kevin Lynch, *The Image of the City* und seinen Konzepten „*nodes*", „*landmarks*", „*paths*", „*districts*" usw. ruhend, analog aufgebaut ist. Trotzdem wurde diese Verbindungslinie bei allen Diskussionen in Münster totgeschwiegen. Ferner ergab ein Städtevergleich der Situation der 60 entstandenen Städtepartnerschaften, die sich bis zum Herbst 1989 gebildet hatten, daß diese Partnerschaften, abgesehen von geschichtlich auffälligen Parallelen, auch theoretisch vom Modell her paßten. So erschien mir eine Einzelpartnerschaft zwischen Münster und Mühlhausen (Thüringen) ebenso theoretisch, wie dem Oberbürgermeister politisch, wünschenswert. Die Kurierdienste zu einem kommunistischen Oberbürgermeister während der Zeit vom 29. November bis zum 1. Dezember 1989, versehen mit einem Brief des OBs Münsters, dessen Bein im Gipsverband steckte, und einem von mir selbst mitredigierten Antwortbrief, dessen erste Fassung mir, dem bloßen Boten, zu schroff erschien, gehören zu den schönsten heilsamen Erfahrungen und Erinnerungen dieser bewegten Zeit.

Im Unterbewußtsein müssen Rückkehr-Zielvorstellungen in mir wach geworden sein, vermute ich. Jedenfalls begannen nun wieder Vorträge bei der Modern Language Association of America in New York 1992 und Toronto 1993. Fast wie ein Witz erschien mir in N. Y. die Anregung Richard Pettits, CIES Washington, es doch einmal als *Fulbright student-in-reverse* zu versuchen, nachdem ich ihm von meinem neuen Thema, „Niedergang der Hanse und unfreiwillige Mitbesiedlung Nordamerikas" vorgeschwärmt hatte. Hatte darin doch die HMS. „Jesus von Lübeck" eine so rühmliche Rolle gespielt. Das Ergebnis, betitelt „Those Damn' Dutch in North America: Beginning of German Immigration in the Early Seventeenth Century" liegt dem Verlag mit dem sprechenden Namen *campus* in Frankfurt am Main/ New York druckfertig vor. Da sich die DFG an der Druckkostenlegung beteiligte, konnte es dort gedruckt werden. Es ging zum Campus Verlag Frankfurt. Die Zeitperspektive, die sich dem *alumnus* in Yale auftat, war nicht eine zum Abgewöhnen, sondern wurde im Gegenteil gespeist von Wiederbegegnungsfreude und geteiltem Forschungsenthusiasmus, gemildert durch gemeinsame und getrennte Lebenserfahrungen. In meinem alten College, das aus dem Stiftungsfonds von Samuel F. B. Morse, dem Erfinder der -taste und des -alphabets, gebaut wurde, setzte ich mich (vermutlich abermals unbewußt pedantisch) auf meinen alten Platz. Plötzlich saß neben mir Professor G. Seligman, Mathematiker seines Zeichens: „Hi, George, how are you?" „Hi, Chris, how are you?" Fünfundzwanzig Jahre wie ein Tag vergangen! Zwar hatte ich bei der John Carter Brown German Collection vorher noch nicht in Providence, Rhode Island, gearbeitet, denn wir dachten damals 1963 als arrogante Yalies, Brown läge im Keller der Ivy League! Indes Providence (=Vorsehung!) was für ein Keller oberhalb der Providenz! Wohlgefühlt habe ich mich sofort schon beim Eintreffen. Es atmete dort Stadtluft, der Stil war wohltuend. Es ist ein Mekka der amerikanischen Architektur im besten Sinne. Der gelernte Philantrop Nicholas Brown empfing einen höchstpersönlich an der Tür. Reiner Zufall? Wie immer dem auch sein mag... Das Forschungspotential eines Fulbright-geförderten Individuums erschließt sich, so steht zu vermuten, aus dem gewandelten, aber auch konstant gebliebenen Zeitverständnis, das im Laufe des Lebens zu einem grundlegenden Persönlichkeitsmerkmal geworden oder gereift sein müsste und damit trotz aller möglichen Abstriche auch *ist*. Zeitknappheit hat sich, wenn es gut gegangen ist, zur Verfügungsbereitschaft gewandelt. Man gewinnt, wenn sich der Ring einmal oder mehrmals geschlossen hat, eine eigene, einem selbst angemessene Zeitverwendungs-Perspektive. Sie kann sich ironischerweise interdisziplinär wie auch intertemporal fortentwickeln. Man beginnt in mehreren Chiffren zu denken, in fremden Sprachen zu träumen. Werden die Augen auch trüber, so verfeinert sich das Gehör für die Nuancen. Das zeitliche Erleben emeritiert sich wie von selbst durch einen stufenweise erfolgenden Wegfall der umgebenden Hierarchien und Prioritäten. Der Druck läßt nach. Vergangenheit und Zukunft kreuzen sich am Scheidewege der Gegenwart. Wegen der großen Anzahl von 300.000 Geförderten und der langen Zeitspanne von über 60 Jahren, beide zusammen repräsentativ genug für eine nach Ländern differenzierbare Anordnung, sollte es möglich sein, die Einflüsse und Übertritte, die sich aus den Fulbright-Studien ergeben haben werden, sinnvoll zu bündeln.

Auf jeden Fall erfolgt eine Wiedergeburt. Und damit schließt sich der Kreis. Das Gedicht und diese Ausführungen einer wiedergeborenen Zeiterfahrung bedingen einander. Das Essay stuft die Poesie.

## 7. 1983 *Ruit Hora*: Hugo Grotius / Kapholländisch, Afrikaans und Hudson Dutch 2004

Ruit Hora

For one day, Hugo Grotius,
let your mental wave recede
from my mind, and give precisely
my warring past its deserved peace
for one golden hour,
by winnowing your unending past
over to present-day diplomacy.
Then for one sparse minute arrest
all further space-theft on any
critic's dial, extend all second
hands aimlessly from far
to near, teaching me how
to chime instantaneously
all your brilliant clocks
in time forgivingly at once
on time and then recite
your motto *ruit hora*

Das im Deutschen nur mit einem k geschriebene Haiku ist eine aus dem Japanischen entlehnte Gedichtform, in der Wortgruppen vertikal aneinander gereiht, also in unserer Terminologie gestuft, werden. Ein derart gestalteter Text bleibt am Ende offen und fragt, wie hier auch, nach dem Miterleben des Lesers. Der Verfasser unterlag hier dem Irrtum, daß ein Haiku 17 Zeilen habe, während es im Japanischen nur siebzehn Silben sind. Der Gattung nach sollten sie Kürzgedichte sein. Hugo Grotius übersetzte 1599 des flämischen Mathematikers Simon Stevin (ca. 1548–1620) nautischen Wegweiser, genannt *Limen Heuretica*, vom Holländischen ins Lateinische. Sie sausten im Jahr 1600 zusammen mit Prinz Maurits van Nassau im sog. Seilwagen. Zu dieser Zeit legte sich der junge, bereits sechzehnjährig in Orléans promovierte ‹Wunderkind› sein Motto *ruit hora* (die Zeit eilt) zu. Die Idee stammt aus dem Ziffernblatt bei der Sonnenuhr und spielt im Lateinischen auf das zweite Zeitalter der Weisheit an. Das englische „präzis" bezieht sich auf Stevins Vorschlag einer dezimalisierten Stunde („for one golden hour"), statt sich traditionell auf sechzig Minuten zu beziehen. Das Gedicht stuft die Aussage von der Stunde zur Minute und endlich zur Sekunde herab und schreibt dem Genius Grotius einen Uhrengleichklang zu, ohne daß eine oder die andere mentale Uhr vor- oder nachgeht. Der Uhrenvergleich spornt zur Eile beim Schaffen an. Das von Grotius auf Holländisch wie in einem Lehrbuch zusammengefaßte kasuistische System der holländischen Rechtsgelehrtheit hat im Südafrikanischen Recht und den Hohen Gerichten von Kapstadt bis heute Berücksichtigung behalten. Als rechtshistorisch interessierter Student habe ich vor über sechzig Jahren an der Universität von Kapstadt ein Semester Rechtsgeschichte studiert und mich mit dem Afrikaans beschäftigt, das mir ein belgischer Lektor in Göttingen vorher beigebracht hatte. So erklärt sich die Zusammenstellung des obigen Zeitgedichts mit dem folgenden Essay. Es darf hier aber auch daran erinnert warden, daß Hugo Grotius in einem Rührstück von vier Akten von 1803 bei August von Kotzebue [einem serbokroatischen Namen] (1761 in Weimar geboren, 1819 von einem Studenten in Mannheim erstochen), an dessem Ende Prinz Maurits von Oranien Grotius seine Ämter und Würden gnadenhalber zurückgibt, historisiert wird. Das Schauspiel ist in reimloser Prosa geschrieben und 1803 veröffentlicht worden. Viele von Kotzebues 60 Schauspielen wurden öfter in Weimar aufgeführt als Goethes und Schillers zusammen.

Der Leser möge dabei im Sinne behalten, daß Grotius als junger Justizminister von gerade mal 25 Jahren unter dem Deckmantel der Anonymität in Den Haag von 1608/09 seine bahnbrechende, aber kurzgefasste Abhandlung über die Freiheit der Meere, *Mare Liberum*, für die Ostindische Kompanie schrieb. Dieses Traktat wurde überseepolitisch relevant durch die Entwicklung der holländischen Kolonie um das Kap der Guten Hoffnung.

**Vom Kapholländischen zum Afrikaans im Vergleich mit dem ausgestorbenen Neu-Amsterdam- und Hudson-Valley-Holländischen**

Die beiden Ausprägungen des Neuholländischen in den ehemaligen Kolonien in Nordamerika und in Südafrika begannen ihre Ausbreitung als kolonialniederländisch-maritime Sprachen, die sich zu Siedlersprachen entwickelten. Die nordamerikanische Variante ist gegen Ende des 18. Jahrhunderts sprachlich untergegangen, während sich aus der südafrikanischen Variante das heutige Afrikaans entwickelte. Der folgende Beitrag gibt einen Überblick über die ungleiche Entwicklung der beiden Schwestersprachen.

*1. Das Holländische der Vereinigten Ostindischen Kompanie*

Diese Art von Holländisch des 17. Jahrhunderts begann seine Entwicklung am Kap der Guten Hoffnung im Gründungsjahre 1652 als Kolonialverwaltungssprache von 180 Sprechern, zusammengesetzt aus Weißen, Sklaven und ein paar Frei schwarzen. Das alte Siedlungsgebiet um Kapstadt umfasste etwa 12.000 qkm. Zu einem weiten, vorauseilenden Zeitsprung ausholend, können wir von heute her vergleichend konstatieren: Südafrika umfasst nunmehr 1.22 Million. Afrikaans ist jetzt, 350 Jahre später, eine der 11 offiziellen Sprachen Südafrikas, einer unabhängigen Republik von ca. 45 Mio Einwohnern – davon 78% Schwarzen, 10% Weißen, 9% Farbigen und 3% Asiaten – welche von 8 Mio Sprechern als alleinige Muttersprache, von den anderen südafrikanischen Einwohnern als Zweitsprache gesprochen oder verstanden wird. Die anderen Landessprachen sind Englisch, Khoisan und seine Derivate, sowie Sotho, Zulu und Khoe.

Afrikaans in einer nordwestlichen Variation ist ferner eine der beiden offiziellen Sprachen Namibias, einer 1990 neugegründeten Republik von ca. 1.9 Mio Einwohnern – davon 88% Schwarze, 6% Weiße und 6% Farbige – welche von den meisten der schwarzen und farbigen, und von 60% der weißen Bevölkerung, allerdings nicht als Muttersprache, sondern als Umgangs- und Verkehrssprache verstanden und gesprochen wird. Die eingesessenen Khoe-Sprachen von mehreren hunderttausend Sprechern sind noch weitgehend unerforscht. Die alten Kolonialzeit-Benennungen, ‚Ovambo', ‚Hottentotten' (abgeleitet von engl. ‚how do you do') und ‚Buschmänner', sind unwissenschaftliche Bezeichnungen, die linguistisch, da ohne Begriffsschärfe, wertlos sind. So ergibt sich anfangs unserer Betrachtungen ein Paradox: Afrikaans ist keine europäische Sprache im weiteren Sinne, aber auch keine afrikanische Sprache im engeren Sinne.

Was heißt also ‚Afrikaans' und wie hat es sich entwickelt? Sprachgeschichtlich ist Afrikaans eine separate germanische Sprache in Afrika, aber nicht einfach ein überseeischer Dialekt des Niederländischen. Es hat dereinst seinen Anfang als holländische Verwaltungs- und Verkehrssprache der Ostindischen Kompagnie gemacht. Eine Zeit lang wurde es für eine im Holländischen des 17. Jh. verankerte kreolische Sprache gehalten und so auch von heutigen Wissenschaftlern soziolinguistisch betrachtet. Die älteste Selbstbezeichnung ist wie in Holland ‚laege duits', dann bis ca. 1775 ‚kaphollands'. Erst 1795 endete die Ostindische-Kompagnie-Periode. Die Einwohnerbezeichnung ‚Afrikander' hat bei der ab ca. 1875 gängigen Sprachbenennung ‚Afrikaans' Pate gestanden. Um 1900 hat es nach Edith H. Raidt erst 50.000 afrikaanse Wörter gegeben; heute existieren 750.000 afrikaanse Wörter. Eine explosionsartige, schöpferische Sprachentwicklung! Die Landessprache wird erst während einer starken Ausdehnungsperiode ab 1925 offiziell mit ‚Afrikaans' bezeichnet. Der Kampf um die Durchsetzung dieses Kommunikationsmittels als Schriftsprache, der 1868 begann und erst 1933 endete, hat sich an der Bibelübersetzung zugunsten der Afrikander vom Holländischen ins Afrikaans entzündet. Als einflussreichster Geburtshelfer erwies sich dabei der junge reformierte Geistliche und ab 1918 nationalistische Parlamentsabgeordnete, Daniel F. Malan (1874–1959), der spätere Premierminister Südafrikas (ein Jahrgangs- und Amtsaltersgenosse Adenauers) und Vater der Apartheidspolitik. Die politisch eigentlich bestimmende ‚Afrikanerbond'-Partei hatte sich, wie auch die Leitung der Reformierten Kirche selbst, von der Mitte des 19. Jh. an auf das Beibehalten des Standard-Niederländischen festgelegt. Von verschiedenen Zeitungen setzte sich nur eine einzige, ‚Die Patriot', für eine ‚Erhöhung' des Afrikaans in die Verschriftlichung einer neuen Bibelsprache ein. Der Anglo-Burische Krieg (1899–1902) hat das Afrikaans als politische, mündlich sowie schriftlich gebrauchte Überlebenssprache mit dem damit verbundenen ‚Ons'-Erlebnis stark gefordert. 1917, kurz vor Ende des Ersten Weltkriegs, erschien die ‚Afrikaanse Wordelys en Spelreels'. Damit erstand die orthographisch vereinheitlichte Verkehrs- und Literatursprache Afrikaans.

Aus eigener Anschauung, die vor sechzig Jahren in Kapstadt gewonnen, und durch einen geplanten Besuch an der USIA nach Pretoria ergänzt wurde, kann beigesteuert werden, wie sehr sich Afrikaans in der Zwischenzeit verändert hat. Es befindet sich jetzt wieder in Verteidigungsstellung gegenüber dem Englischen, das nicht mit dem Stigma der überwundenen ‚apartheid' belastet ist, könnte aber auch gegenüber den vordringenden afrikanischen Heimatsprachen ins Hintertreffen geraten. Zudem dauert wegen der niedrigen Lebenserwartung von unter 48 Jahren eine Sprechergeneration kürzer als gewöhnlich, und gibt somit dem Sprachwandel zusätzlich einen hektischen Auftrieb.

## 2. Das Holländisch der Westindischen Kompanie

Als Vergleichssprache zum Afrikaans wird hier nun die von der Westindischen (Handels-)Kompagnie nach Neu-Amsterdam – heute New York – bis ins Tal des Hudson verbreitete holländische Sprache herangezogen, und auf linguistische Teilaspekte abgegriffen. Die Zahl der neu-amerikanischen Sprecher war ab dem Gründungsjahr 1624 etwas größer als diejenige vom Kap der Guten Hoffnung 1652. Diese Menschen haben aber Europa und dem Meer nie so rigoros den Rücken gekehrt wie ihre reformierten Glaubensbrüder und -Schwestern am Kap, sondern sich mit einer linguistisch ganz anderen Rolle bescheiden müssen: vom Französischen des Nachbarn Quebec bedrängt, und vom Englischen, der Sprache der Herrschenden schließlich überwältigt, hat eine linguistisch angepaßte Vereinfachung in Neu-Amsterdam nicht so massiv wie in Kapstadt stattgefunden. Denn der Druck war ein ganz anderer. Isolierte Sprachinseln sind vielmehr allmählich ausgetrocknet. Mit dem Übergang in die englischen Kirchen, spätestens aber nach der Einführung des Englischen als Gottesdienstsprache, begaben sich zahlreiche Holländisch sprechende Reformierte sukzessive auf den Pfad der

Disloyalität und damit eines linguistischen Übergangs zum Englischen, der dominierenden Kontaktsprache. Schon im 18. Jh., also noch vor der Ausbildung des Afrikaans, wurde der Kampf in Nordamerika langsam zurückgenommen, wenn auch der Fall Neu-Niederlands und Neu-Amsterdams an die Engländer 1664 an sich die Verwendung nur begrenzt, nicht aber schon vollständig unterbunden hatte. Im Gegenteil, die Verbreitung des Niederländischen in der 150 Meilen langen ‚Arterie' ins Hudsontal gab auch noch späterhin einen linguistischen Impuls von New York in Richtung Norden ab. Die soziale Identität schloß bis nach Albany, der Hauptstadt der alten Provinz und des neuen Staates New York, auf. Durch Erneuerung der ‚City Charters' nach englischem Rechtsverständnis höhlte sich die Widerstandskraft aus und trieb die Anglisierung in der Verwaltung voran. Der Klang der Gerechtigkeit lautete jetzt Englisch. Als Quebec 1759 an die Engländer fiel, erstreckte sich nunmehr eine Achse von dem fast völlig anglisierten New York aus nach Norden, so daß sich die jüngeren Untertanen der ‚Empire Loyalists' in ‚Kanada' gezwungen sahen, die Loyalität unter Beibehaltung ihrer Sprache zu wechseln, während die ursprünglich Niederländisch sprechenden New Yorker sich zu Yankees wandelten. Erst die Amerikanische Revolution hat diesen Vorgang abgeschlossen. Immerhin hat sich die hier besprochene nordamerikanische Sprachvariante über 150 Jahre halten können. Noch länger hat sich die holländische Kirchensprache in einigen Diasporagemeinden New Yorks (und New Jerseys) erhalten. Wachsender englischer Spracheinfluss und Dialektabweichungen werden uns im nächsten Abschnitt beschäftigen.

Aus eigener Anschauung kann einleitend beigetragen werden, daß die Erinnerung an, ganz zu schweigen von einer Berufung auf das Neu-Niederland des 17. Jh., im Neu-England des 20. Jh. verdrängt wurde und verschwunden ist. Eine alte original-teppichartige Karte ‚Niuwe Nederland' (nach Johannes De Laets Beschreibung von 1625), die oben an einer Wand vor dem Kartenraum des Harkness Tower der Yale University Library hing, war so ungesichert angebracht, daß sie fast unbemerkt entwendet werden konnte. Sie ist nie wieder aufgetaucht. Dies spricht allerdings Bände. Der Schmelztiegel hat eben auch eine rauhe Außenseite! Eine solche Darstellung paßte nicht ins kollektive Gedächtnis. Sie galt schlichtweg als politisch unkorrekt. Ein wesentlicher Unterschied der beiden Sprachentwicklungen in Amerika und Afrika ist dabei, dass sich das Afrikaans gegen das Standard-Niederländische behaupten musste, während sich das Neu-Amsterdam-Holländische in Amerika gegen das Englische nicht durchsetzen konnte, sondern sich linguistisch und sozial an eine zunächst fremde Kontaktsprache angleichen musste.

## 3. Vergleich zwischen dem Neu-Amsterdam Holländischen und dem Kap-Afrikaans

Herangezogen für diesen Vergleich werden Textproben aus den ‚New York Dutch Historical Manuscripts', herausgegeben von Charles T. Gehring, und aus kapniederländischen Schriftstücken, gesichtet von Fr. A. Ponelis und Edith H. Raidt, betreffend: 1. die Phonologie, 2. die Morphologie, 3. die Syntax sowie 4. einige Entlehnungen im Sprachverkehr.

### 3.1. Vorwiegend nordamerikanische Beispiele
*Phonologische Aspekte*
Die phonologische Angleichung ging grundsätzlich von zweisprachigen New Yorkern aus. Die afrikaansen Innovationen entstanden hingegen unter isolierten Bedingungen verstreut siedelnder Farmer und wurden z. T. von anderen physischen Umgebungen, wie Ernestus Du Plessis hinsichtlich der Fluss- und Bergnamen gezeigt hat, angeregt. Andrerseits hatte die phonologische Ähnlichkeit zwischen Englisch und Niederländisch zur Folge, daß sich, wie Uriel Weinreich gezeigt hat, eine Extraanstrengung des zweisprachigen Neusprechers nicht lohnte, beide Sprechweisen vollständig auseinander zu halten.

Bei der Diphthongierung fällt auf, daß lat. biblia in beiden Sprachkulturen wie [baibel] ausgesprochen wurde. Das liegt daran, daß der ursprüngliche Digraph in Bijbel diese Abweichung in bybel nicht mehr markierte. Es ist möglich, daß es sich nach engl. my analog gebildet hat. Es können aber auch die zahlreichen Pfälzer Mitsiedler in den Schoharie-Tälern diese Sprechangleichung verstärkt haben. Ähnliches ereignete sich bei dem Diphthong [ou] nach [au], wie in house, out, etc. Die beachtlichste Gemeinsamkeit, die schon aus dem Altwestgermanischen stammt, und heute als Brabantisch und Flämisch gilt, ist die laxe Aussprache des Hochfront-Vokals i. Daher heißt es, wie auch im Afrikaans, ek statt ik/ich. Gehring kommt zu dem Ergebnis, daß die New York-Holländische Phonologie einerseits Dialekt-variationen zuließ und verbreitete, andrerseits aber die in den Niederlanden vorgenommene Standardisierung nicht mitempfing und daher nicht nachlauten konnte. Damit konnte eine sozial angesehene Hochsprache, besonders bei den jüngeren Sprechern, nicht – wie durch das Englische – das Prestige eines Sprechers vergrößern und hätte sich als prestigevermindernde Anstrengung und Disziplin nicht länger gelohnt. Die Last der Sprachbewahrung ruhte demnach auf den Schultern von doch wohl eher wortkargen Fannern, die untereinander Mundart sprachen. So haben sich Dialektvariationen mitsamt einem Druck auf phonologische Angleichung an das Englische verbreitet und ins für das Holländische bedrohlich werdende Abseits geführt.

*Morphologische Aspekte*
Im Gegensatz zu reichlich vorhandenen phonologischen Variationen des mündlichen Bereichs kommen solche der morphologischen – vor allem in schriftlichen Dokumenten des Neu-York-Holländischen – kaum vor. Die markanteste Abweichung bildet das Plural Morphem – s. Beispiele wären kinders, kenders, soons Kinder, Söhne etc. Auch die Markierer der 1. Person Singular und Plural variieren: ek hoppe, yck hop; wy sal statt wij zullen, usw. Entweder wurde weitreichende Interferenz nicht in der Sprache der linguistischen Minorität geduldet oder die Beobachtung Albert Dauzats stimmt: „Morphologie, die Festung einer unterliegenden Sprache, ergibt sich zuletzt." Diese Beobachtung ist nach Weinreich, nach dem ich zitiere, als vorschnell anzusehen. Sie wird andererseits von Gehring, der die holländischen Dokumente, auch die der Protokolle, ins Englische übersetzt hat, für möglich gehalten.

*Syntaktische Aspekte*
Es ist schwer zu entscheiden, ob auf diesem komplexen Felde Mundartvariationen oder Angleichung an das Englische den Ausschlag geben oder ob beide vorliegen. Da die meisten syntaktischen Abweichungen nach Gehring in den später datierten Dokumenten und Protokollen vorkommen, liegt die Vermutung nahe, daß die mündlichen Angleichungen an das Englische eine Weile benötigten, um verschriftlicht zu werden. Bahnbrechend als Unterrichtswerk war dabei vor allem Francis Herrissons The English and Low-Dutch School-Master (New York 1730). Offenbar verbreiteten sich aber die Neuerungen in der rezessiven, nicht in der dominanten Sprache zweisprachig Sprechender. Beispiele wären der deklinierte Genitiv und vor

allem die Verwendung des Imperfekts statt des Perfekts als Übergangserscheinungen. Soll Wiederholung zum Ausdruck gebracht werden, mag die Ökonomie der Schriftlichkeit zugrunde liegen; oder aber das Anhalten im Perfekt, bzw. das Abgeschlossensein im Imperfekt den Ausschlag für die gewählte Zeitform geben. Im 19. Jh. verstärkt sich nach Gehring die Tendenz, vorrangig das Imperfekt als Vergangenheitsform zu verwenden. Wobei nicht das Tempus als solches verdrängt wird, sondern eine bestimmte Flexionskorrektheit aufgeschoben wird. Ferner kommt öfter die neugeordnete Wortfolge vor, wie z. B. He comes tomorrow Home, vergleichbar er kommt morgen nach Hause. Auf der anderen Seite kommen Beispiele in der Wortfolge vor, wo die Anordnung der Verbphrase in Hauptsätzen der englischen angeglichen zu sein scheint. Dort wird der Infinitiv oder das Partizip Perfekt nicht mehr an das Ende der Phrase gestellt, z. B. ek heb gedaen volgens U instructies. Andrerseits findet die Unterordnung des finiten Verbs in Nebensätzen nicht mehr statt, wie z. B. in dat ek heb het niet noch. Zusammmfassend stellt Gehring fest: auf dem Gebiet der Syntax ist der angleichende Einfluß der dominanten Sprache Englisch am größten. Der Fachausdruck lautet ‚levelling out of dissimilarities'. Ganz anders verhält es sich mit dem Kapholländischen, wo die normalen Wortfolgen einfacher und zusammengesetzter Sätze vom Niederländischen her gesehen nicht sehr erheblich abweichen. Näheres wird unten angeschnitten.

Lehnwörter Das Borgen von Lehnwörtern setzt nach Hermann Paul, Prinzipien der Sprachgeschichte, ein Minimum von Zweisprachigkeit und nach Einar Haugen mehr als eine Handvoll Siedler auf beiden Seiten voraus. Dabei haben wir auch schon das wichtigste Lehnwort und seine Derivate to settle, gesettled, sedier (colonize, colonized, colonist) aufgegriffen. Es wird alsbald ersichtlich, daß solche Wörter in ihrer Prototypik selten, und auch dann nur in speziellen Situationen verwendet werden. Jeder Einwanderer wird mit der Beobachtung oder der Einsicht vertraut sein, daß am häufigsten ohnehin Hauptworte (meist zusammen mit der neuen Sache) statt vieler Verben entlehnt werden. An einem bestimmten Punkt empfindet man: das ist ein eingewandertes Wort, das sich nicht mehr ausweisen läßt. Das war auch beim Neuhochdeutschen des 17. Jh. als aus dem Niederländischen von Philipp v. Zesen entlehnender Sprache so. Besonders musste aber ein Bedürfnis nach Eingliederung englischer terminologischer Worte ins Neu-Yorker-Holländisch bestanden haben, z. B. law side statt law suit oder ersulatters für executors, open coert für open court, prissen für prison, schrieffs, für sheriffs, usw. Beim Schuldeneintreiben mußte der Ausdruck <I am to have> per Lehnbildung mit ick bin te heb übersetzt werden. Da ein Hineinnehmen durch Importieren neuer Ideen aus dem Mutterland nicht möglich war, nahm die Isolation zu. Allmählich trocknete diese Form des N-Y-Hollands zu einer im Hause benutzten Heimsprache ein, mit der man auf dem Markt und im Geschäftsleben nicht mehr zurechtkam. Die Niederländisch-Amerikaner New Yorks (und New Jerseys) haben sich niemals wie die voortrekker in Südafrika nach Natal – wo auch Deutsche siedelten – und Oranje Vrijstaat zurückziehen können, um ihren individuellen und sozialen Eigencharakter zu bewahren und zu verteidigen. Sie glichen sich am Hudson dem englischen Gebrauch an, und verloren endlich auch die kleine Schlacht am eigenen Herd an der Heimfront.

### 3.2. Vorwiegend südafrikanische Beispiele
*Phonologische Aspekte*
Der Leser kann sich am unbefangensten ein Bild der Vokalsegmente und der Konsonanten des Afrikaans und ihrer Entwicklung machen, wenn er sich mit den phonologischen Kommentaren nebst Arbeitstabellen vertraut macht, die Fr. A. Ponelis in seinem tiefschürfenden Werk über die historische Linguistik des Afrikaans erforscht, zusammengestellt und 1993 veröffentlicht hat. Es ist hier nur möglich, das für unsern Zusammenhang Charakteristische kurz herauszustellen.

Die hohen Vokale I, u, y werden meist kurz oder lax ausgesprochen wie in bied und doek oder absoluut. Am charakteristischsten sind die Diphthonge [e:] und [o:], also been und boom, belowe. Sowohl originales u und ö werden vor r im Afrikaansen palatisiert, also vurk, wurm, sorg und form palatal ausgesprochen. Die Variation zwischen dem Murmellaut (Schwa) und dem e hat sich ausgeglichen: frühes Afrikaans Aprel, heutiges Afrikaans April, wilkom / welkom, venger / vinger. Bei der ‚Verafrikanisierung' der kaphollandischen Konsonanten ragen nach Ponelis zwei Prozesse hervor: der Wegfall des vorletztsilbigen Konsonanten und Verschärfung.

*Morphologische Aspekte*
Das Determinationssystem ermöglicht eine Verallgemeinerung des Possessivs wie etwa in de motor se dak, die Motorhaube. Noch charakteristischer,

ja geradezu emphatisch klingen hierdie:dies und daardie: das, die von zwei nicht-gleichen Systemen abgeleitet werden. Man beobachtet, daß Afrikaans bloß einen bestimmten Artikel hat: die; der unbestimmte Artikel een ist – wie im Plattdeutschen und Umgangsdeutschen – zu ‚n geschrumpft. Das Reflexivpronomen mekaar ersetzt das Standard-Niederländische elkaar: einer den anderen. So heißt sie grüssten einander auf Afrikaans hülle hei mekaar gegroet. Im persönlichen Pronominalbereich fällt neben dem ek das emphatische – mir friesisch klingende – ekke (Englisch me) auf. Die Indefinitivpronomen können von Sprechern des Deutschen unmittelbar verstanden werden, da die gleichen Gegensatzpaare persönlich/unpersönlich und positiv/negativ wie im Deutschen auch eingesetzt werden. Viele Merkmale, die nach Ponelis aus dem Khoi(san) oder dem Portugiesischen erklärt werden sollen, kann man unschwer ebenso gut im älteren und neueren Plattdeutschen antreffen: Berlinerisch: mein Vater sein Sohn... Du da, der du die Die da...! Viele frühe Einwanderer, die als Franzosen oder französische Hugenotten angesehen werden, können ebenso gut Wallonen, die schon in der Pfalz gewohnt hatten – vergleiche die Pfälzer, die Queen Anne 1810 mit Überfahrtsgeld zur Auswanderung in das Tal des Hudson unterstützte Elsässer oder französische Schweizer oder preußische Hugenotten der zweiten Generation gewesen sein. Der alte Sprachatlas von 1913 geht auf S. 134 von 27% der Früheinwanderer als Deutsche aus, Ponelis hält 34% aller frühen Stammväter für deutschstämmig. Raidt spricht für die gleiche Periode von 1657 bis 1795 von 4000 deutschen Freibürgern, die einheirateten, da der Anteil einwandernder deutscher Frauen verschwindend gering ausgefallen ist, auf jeden Fall klar unter 10% liegt. Die meisten Offiziere, Apotheker und Ärzte waren Deutsche, aber auch unter den Soldaten der Bürgerwehr fanden sich nach Raidt „oft Deutsche". Jedenfalls kommt die sog. doppelte Verneinung schon damals und bis heute im Plattdeutschen und schon früher im Mittelhochdeutschen vor. Wie im Afrikaans heben „in keinem Falle... diese Verneinungen einander gegenseitig auf" (Paul / Wiehl / Grosse, § 438). Das vergisst man leicht bei zu gelehrten Herleitungen, oder betreibt Sprachpolitik (Heinz Kloss). Wie im mittleren Westen der USA überwogen nach Ponelis auch am Kap die Niederdeutschen die Hochdeutschen – die in Nordamerika im 17. Jh. nach Gellinek glatte 70% aller deutschsprachigen Einwanderer betrugen – im Verhältnis 11:9. Wahrscheinlich liegt auch dort die Zahl höher, wenn man z. B. das Brandenburgische als zum Plattdeutschen gehörig erkennt. Wir kommen bei den Überlegungen zur Syntax noch einmal kurz auf diese Frage zurück.

*Syntaktische Aspekte*
Ponelis nennt das Afrikaans eine „V-2-Sprache", in der die Zweitstellung des Verbs kennzeichnend ist. Wie im Niederländischen und im Deutschen zeigt das Verb, das in Hauptsätzen stets an zweiter Stelle steht, die größte „Platzfestigkeit" (Raidt). In der Regelung der zwei Typen von Subjekt- und Verb-Inversionen gibt es zum Niederländischen und Deutschen ebenfalls keine Abweichungen. Ferner wird das Verb in untergeordneten oder Neben-Sätzen, wie erwartet, aus seiner Zweitstellung in eine Endstellung gerückt. Die syntaktischen Konstruktionspläne sind nach Ponelis, Kapitel zehn, denjenigen des Niederländischen und anderer germanischer Sprachen sehr ähnlich. Es darf jedoch hervorgehoben werden, daß sich im Zuge der Neuschöpfung des Afrikaans im vorigen Jahrhundert die Sprache der Bibel geändert hat. Nach dem Text der Generalstaaten-Bibel von 1865, die auch Präsident Oom Krüger (d. i. Paul(us) Kruger, 1825–1904), noch gelesen haben dürfte, wenn er nicht eine ältere Familienbibel zur Hand hatte, beginnt die Schöpfungsgeschichte der Genesis bei durchgehender Benutzung des Imperfekts erzählt zu werden. In der neu übersetzten Bybel von 2001 wechselt – nebenbei gesagt, wie in einer Konversation – das Perfekt mit dem Imperfekt ab: „In die begin Iiet God die hemel en die aarde geskep. Die aarde was heeltemal onbewoonbar, dit was donker op die diep waters, maar die Gees van God het oor die waters gesweef. Toe het Godgese: Laat daar lig wees! En daar was lig."

Diese Vermengung der Tempora und die Hand in Hand gehende Verdrängung des Imperfekts zunächst aus der Sprechsprache und hier der hochstilisierenden Bibelsprache ist nicht vergleichbar mit der relativen Imperfekt-Stabilität des Niederländischen. Vielmehr bietet sich eher ein Vergleich mit dem vornehmlich gesprochenen Hoch- und Niederdeutschen an. Ob dabei, wie Ponelis vorsichtig bemerkt, im Kapland-Gebrauch abermals ein Einfluss der ‚creolisation' aus dem Grunde eines ‚levelling' des Kontexts bemüht werden darf, muss hier dahin gestellt bleiben. Ein gutes Beispiel davon wäre: Die stoel wat sy op sit. Es kann als Anlehnung an das Englische wie auch aus germanischem (niederländischen oder niederdeutschen) Mundartgebrauch erklärt werden. Auf die Dauer dürfte sich der Ausdruck ‚Kreolisierung' als wissenschaftlich nicht haltbar herausstellen.

*Lehnwörter*
Eigenartigerweise ist der Anfall niederländischer und französischer Lehnwörter geringer als erwartet. Wegen der Nähe des Plattdeutschen zu holländischen Dialekten des 17. Jh. ist es in vielen Fällen schwer zu entscheiden, wo die Quelle zu finden sei. Eine Anzahl früher malayischer Lehnwörter taucht gleichzeitig im Kolonial-Niederländischen des Mutterlandes auf (Ponelis). Ähnliches gilt für ‚Seemanns'-Portugiesisch. Bei weitem die stärkste Lehnbewegung hat sich aus dem Englischen ins Afrikaans ergeben, oft kaschiert als Lehnprägung, z. B. elegansie, swart holte black hole oder matrikuleer. Die Dosis der Aufnahme von Lehnwörtern in Neu-Amsterdam und dem Tal des Hudson war fachspezifischer als im Kapland. Es gibt dennoch weitgehende Kolonial- und Siedlergemeinsamkeiten zwischen beiden Sprachausprägungen. Die Sprachen waren der Besiedlung dienlich und sicherten den Sprechern das Überleben.

## 4. Zusammenfassende Betrachtung

Beide Prägungen des Neu-Holländischen in Nordamerika sowie in Südafrika begannen ihre Ausbreitung als kolonialniederländisch-maritime Sprachen, die sich zu Siedlersprachen entwickelten. Eigenartigerweise hat das Niederländische selbst von dieser Expansion wenig profitiert. „Die geographische Ausdehnung der gegenwärtigen niederländischen Sprachgemeinschaft ist umgekehrt proportional zu dem weit ausgedehnten Kolonialterritorium, das die [Vereinigte Ostindische und die Westindische Handels]kompagnien beherrschten" (Ponelis). Das nordamerikanische Modell ist mangels genügend massiver Einwanderung aus dem kleinen Land Holland sprachlich untergegangen. Das südafrikanische Modell ist durch militante Fortsetzungsmigration nach Transvaal – dem Mormonentrek ins Salzseetal nach ‚Mexiko' vergleichbar – nicht zuletzt religiös befestigt worden, und hat Patrioten um sich scharen können, die bereit waren, um das Überleben ihrer mündlichen Sprache und ihrer Gewohnheiten notfalls in einer Wagenburg zu kämpfen. Sie unterzeichneten am 31. Mai 1902 den Kapitulationsvertrag von Vereinigung und trotzten der Transvaal-Republik 1852 seitens Britanniens und danach die internationale Anerkennung ab. Nach der unseligen Apartheidsperiode, die mit einer gewaltigen Sprachentwicklung Hand in Hand ging, wurde die Republik Südafrika auf der Basis der Menschenwürde und Gleichberechtigung aller wesentlichen Landessprachen von Präsident Nelson MANDELA neugewidmet und fester gegründet. Linguisten können Sprachen nur beschreiben, aber ihr Weiterleben nicht voraussagen. In Anbetracht des Hudson-Holländischen bleibt zu hoffen, daß ein schiedlich sprachlicher Wettbewerb der südafrikanischen Landessprachen zu einer linguistischen Chancengleichheit aller mekaar führen werde.

Ich habe diesen Aufsatz in Windhoek ins Englische übersetzen lassen und an mehrere Linguistik Zeitschriften an drei verschiedene Universitäten in Südafrika und Namibia verschickt – ohne Erfolg. Die Geschichte von Afrikaans, zumal auf vergleichender Basis, gehört heute zur Geschichte der Kolonialpolitik der Apartheids-Regierung, der man sich auch historisch rückblickend verweigert. Es gibt auf diesem Gebiet keine veröffentlichte komparatistische Arbeit. Die Enttäuschung war ebenso groß wie nach der Veröffentlichung meiner englischen Hugo Grotius Biographie in Deutschland. So fällt dieser Vergleich aus dem politischen Rahmen und ist daher von der Politik blockiert worden. Punkt 7 fällt insofern aus dem Vergleichsraster.

Es ist wahrscheinlich, daß Englisch als Umgangssprache in Südafrika eher als in Namibia das Afrikaans als Heim- und Exkolonialsprache verdrängen wird. Wie diese konkurrierende Entwicklung auch ausgehen mag, die Verehrung von Hugo Grotius als Jurist der Vereinigten Ostindischen Kompanie bis zu seiner Verhaftung 1618, der Verurteilung im Hochverratsprozess und seiner berühmten *ontsnapping* in einer Bücherkiste mit Hilfe seiner Frau wird sowohl in dem Lobgedicht *Ruit Hora* wie auch in der wiedergegebenen Abhandlung vorausgesetzt und verdeutlicht. Der kontastreiche Zusammenhang besteht in der wissenschaftlichen Neugier, die sich zweier Felder auf verschiedenen Wegen bemächtigt hat. Die holländische Sprache wurde dichterisch auch in Kapstadt gepriesen. Wir schließen mit der dritten Strophe eines Ehrengedichts, DE HOLLANDSCHE TAAL, des Kapstädter Schriftstellers J. Suasso de Lima von 1830, zitiert nach dem *bloemleser* von Gerrit Komrij, *Die Afrikaanse poesie in `n duisend en enkele gedigte* (Amsterdam 1999), S. 49/50.

*O dierbre waarde moedertaal!*
*Geen wanklank u ontluistert,*
*Schoon niet in zwang in `s regters zaal,*
*Blijft men aan u gekluistert,*
*En wat op aarde ook geschied`;*
*Bij ramp of vrolijkheden,*
*Vergeten doen we u nimmer niet;*
*Taal door ons aangebeden.*

## 8. 1985 *Mutter Unser* / Altenglische Flaschenpost nach York 2013

Mutter Unser

Mutter unser die Du Himmel bist
Gepriesen werde Dein Name
Deine Bereitschaft lass gewähren
Wie im Leibe also auch in der Seele
Unsern täglichen Teig lass aufgehen
Und überwind in uns Eigennutz
Wie wir denen ein wenig vergeben
Die uns ausnutzen wollen
Versuche unsere Führung
Versöhne uns mit dem Bösen
Denn unser ist das Reich
Unser aller die Kraft
Und für alle die Herrlichkeit
In Ewigkeit

The Lady's Prayer

Our Mother who is heaven
Hallowed be thy name
May willingness move
Let our daily dough rise
And surmount our stubbornness
As we gently overcome those
Who want to take advantage of us
Try our government
Conciliate us with evil
For ours is the dominion
Ours all the power
And the glory
For ever all

Dieses Mutter Unser statt Vater Unser Gedicht wird von meinen Freunden als geglückte Poesie angesprochen. Auch die englische Übersetzung meines Kollegen Jack Zipes wird als gelungen angesehen. Es übernimmt die kraftvolle biblische Sprache und spricht die Möglichkeit aus, daß Gott auch als Göttin angedichtet und gepriesen werden darf. Die „Versöhnung mit dem Bösen" dürfte das allerschwierigste moralische Vermittlungsgebiet darstellen, das sich finden lässt. Hier lässt sich besonders eindeutig ausmachen, daß diese biblische Gebetsform von Prosa gestuft ist. Das Bild von dem täglich aufgehenden geistlichen Teig klingt anheimelnd und erinnert an die Mutterliebe. Sie stützt sich nicht auf Eigennutz oder stubbornness. Die Teilnahme wird uns insofern anvertraut als wir selbst unsere Mitkraft entfalten können.

Dieses Gedicht steht in einem verbindlichen Verhältnis zu meinem Essay über die englische Sprache, das jetzt folgt.

Sie stammte aus Romö, der dänischen Nachbarinsel, und ärgerte sich, daß sie während ihrer Semesterferien bei Deutschen statt in England Geld für ihr Studium der Anglistik an der Syddansk verdienen musste. Dieser ältliche Herr ging ihr durch unkulinarische Sonderwünsche seit Tagen auf die Nerven und sie wollte ihm dafür einen Streich spielen und sein handgeschriebenes Manuskript verstecken. Als sie es aber in Augenschein nahm, überflog sie Worte wie Danelag und Chaucer und beschloss, das Schriftstück aufzurollen und in eine seiner leeren grünen Flaschen von GrandSud mit genügend Luft zu verkorken und bei ihrem Sonntag anstehenden Bad bei Buhne 20 ins Meer zu werfen. Sie hätte es schließlich noch boshafter einfach wegwerfen können! Nein, sie wollte einen Zufallsadressaten auf der anderen Seite erreichen, egal, wie lange es dauerte. Der schwimmende Behälter enthielt gerade genug Luft, um aufrecht, wenn auch langsam in Richtung Westen zu bobben und nicht unterzugehen. Vom Blickpunkt des Meeres bewegte sich die Weinflasche in der Nordsee an einen unbekannten Finder nicht nur fast ständig vorwärts, sondern schwemmte zeitausgleichend hinüber und herüber. Wie ein austarierter Behälter versank die Botschaft nicht, sondern hielt sich aufrecht, kam aber nur mühsam vorwärts. Sie schwamm als gläserner Ballon westwärts auf einer See, die aus der Perspektive von Schleswig-Holstein Westsee geheißen hatte, aus der Ansicht von East Anglia jedoch als Deutscher Ozean bezeichnet wurde. Heute hat sich North Sea auch im Englischen durchgesetzt. Die Flaschenpost bereiste sehr langsam ein gefährliches Wasser, und konnte etwas tangbemoost nach mehr als zwei Jahren an der Humbermündung südöstlich von York anlanden. Dort wurde sie von einer englischen Korrepondentin namens Christy gefunden und mitgenommen zur Redaktion des Humberside Chronicle. Der Inhalt des professoralen Schreibens konnte zu großen Teilen entziffert werden. Aus Effizienzgründen wird der Text, soweit lesbar, hier in kompakter Manier dargeboten. Der Name des Verfassers konnte zwar nicht genau identifiziert werden, hätte sich aber von einem Fachmann an dem fast schon müden Stil leicht ausmachen lassen.

Ein anderer pfiffiger Professor von der Universität Oslo behauptete voller Kühnheit, referiert unser Kieler, die damalige englische Sprache, und nicht das Anglonormannische, sei nach dem Altenglischen ausgestorben; dieses wäre durch jenes unter Mitnahme vieler altsächsischer Vokabeln verdrängt worden. Nun äußert unser heimischer Professor seine Zweifel an dieser These. Nicht nur wandelten die jütisch-dänischen Wikinger ihr Siedlungsterritorium in eine see-verbundene Kolonie um. Zwar bedeutete anfangs ihre Seeverbundenheit Machtgewinn durch Seeräuberei und Plünderung für sie, aber auch eine Besserstellung der nicht-leibeigenen freien Bauern und ganzer Ortschaften, die keinen Herrn über sich hatten oder sich einen wählen konnten. Kein Freibauer durfte nach der diesen Prozeß verbriefenden Magna Charta Libertatum von 1215 verhaftet und eingekerkert werden. Ein angeklagter Freier Mann konnte danach nur aufgrund eines richterlichen Befehls (altenglisch-Lateinisch habeas corpus) verurteilt werden. Und ein angeklagter Freier Mann konnte rechtlich nur noch von seinen ebenbürtigen peers (durch lawful judgment) abgeurteilt werden. Das bedeutet, jeder Nicht-Leibeigene durfte nur von Geschworenen seiner Rechtsebene, meist zwölf an der Zahl, in seiner (ihm verständlichen) Sprache angeklagt und abgeurteilt werden. Diese Befreiung von früherer Willkür fand nicht die Zustimmung des Papstes Innozenz III., der bis 1216 regierte. Er stellte Jedem, der diese Charta anerkannte und befolgte, die Exkommunikation vor Augen. Die symbolische Bedeutung dieses englischen Rechtsgrundsatzes konnte dadurch nicht ausgehöhlt werden und blieb bis heute erhalten und weltberühmt. Aber wo entwickelte sich diese Norm zuerst?

Besonders auf dem Gebiet des von Dänen eroberten Danelags im Nordosten Englands, also einem Teil von Mercia, Northumbria, East Anglia und der fünf befestigten Ortschaften Leicester, Lincoln, Nottingham, Stamford und Derby, das sich bis Mitte des 10. Jahrhunderts hielt, fand sie Aufnahme in das Landesrecht (dänisch landskabslov). Nachdem Wessex das Danelag erobert hatte, wurde diese Rechtsnorm, die dem habeas corpus zugrunde liegt, von König Edgar vor 975 als englisches Königsrecht geduldet. Praktisch bedeutete das die Anerkennung von zwölf Geschworenen, die jeweils mit Zweidrittelmehrheit zu entscheiden hatten, im englischen Gewohnheitsrecht. Es ist in diesem Zusammenhang höchst bezeichnend, daß der Oberbegriff des englischen Rechts, law, aus dem dänischen lag abgeleitet und aufgenommen ist. Die Angelsachsen des 11. bis 13. Jahrhunderts übernahmen also mehrere Verwaltungseinrichtungen von den englischen Dänen. Insofern ließen sich diese Engländer gerade nicht von den Dänen und Jüten, die in England siedelten, verdrängen. Sie hielten sie im Englischen Reich auf existenzsichernde Distanz.

Man wird, oyez, oyez, doch nicht unwidersprochen erklären dürfen, Geoffrey Chaucer (1343–1400) hätte seine englischen Canterbury Tales auf Anglo-Normannisch statt auf Englisch geschrieben.

*Whan that aprill with his shoures soote*
*The droghte of march hath perced to the roote,*
*And bathed every veyne in swich licour*
*Of which vertu engendred is the flour;*
*Whan zephirus eek with his sweete breeth*
*Inspired hath in every holt and heeth*
*Tendre croppes, and the yonge sonne*
*Hath in the ram his halve cours yronne,*
*And smale foweles maken melodye,*
*That slepen al the nyght with open ye*
*(so priketh hem nature in hir corages);*
*Thanne longen folk to go on pilgrimages,*
*And palmeres for to seken straunge strondes*
*To ferne halwes, know the in sondry londes.*

Man darf nicht fälschlich behaupten, Chaucer hätte seine Gedichte auf Anglonormannisch geschrieben. Vielmehr experimentierte er mit dem Englischen, indem er sich der Londoner Kanzleisprache befleißigte. Chaucer sprach zudem mit seinem Monarchen Richard II. Englisch und gerade nicht Anglonormannisch. Dieser König war der erste auf dem englischen Thron, der das neugebildete Mittelenglisch beherrschte. Sein Großvater-Vorgänger, Edward III., der 1377 starb, hatte Chaucer lebenslänglich eine Gallone

Tagesration Rotwein ausgesetzt. Darin äußerte sich sein französischer Geschmack, den er mit seiner Anglonormannischen Sprache umrankte. Mit den Canterbury Tales „befreite Chaucer das Englische aus dem Griff des Französischen" und des Lateinischen in England. Man lasse die Verse aus Shakespeares Richard II. auf sich wirken, die Chaucers Verskunst weiterbauen:

> *This royal throne of kings, this scepter'd isle,*
> *This earth of majesty, this seat of Mars,*
> *This other Eden, demi-paradise,*
> *This fortress built by Nature for herself*
> *Against infection and the hand of war,*
> *This happy breed of men, this little world,*
> *This precious stone set in the silver sea,*
> *Which serves it in the office of a wall,*
> *Or as a moat defensive to a house,*
> *Against the envy of less happier lands,*
> *This blessed plot, this earth, this realm, this England,...*

Bei Chaucers eigener poetischen Leistung stand auch sein unvollendeter Essay, Treatise on the
Astrolab on ca. 1391, Pate. An dessen Anfang redet er dort seinen kleinen Sohn an:

> *Lyte Lowys my sone I aperceyve wel by certeyne evydences*
> *thyne abilite to lerne sciences touching nombres and proporciouns,*
> *and as wel considre thy besy praier in special to lerne the tretys*
> *of the Astrolabie.*

Bis zu Shakespeare hat Chaucer die Maßstäbe gesetzt und mit der Altbuchstabierung und seiner Syntax einem deutschen Professor der Anglistik keine großen Hindernisse vorgelegt. Seine unvollendete Abhandlung über den Winkelmesser neun Jahre vor seinem Tode ist nicht nur von ausschlaggebender Bedeutung für die Ausbildung des Englischen als Sprache der Naturwissenschaften, sondern sie erhob gleichzeitig diesen Winkelmesser zum Kompaß für die genaue Zeit- und Ortsberechnung als allgemeinen Bestimmungsmaßstab. Mit seinem Gebrauch auf Land und See wurde ein genauerer Standort bestimmbarer. Allein die Flaschenpost ist auf ein solches Instrument nicht angewiesen, sondern vielmehr auf das Glück des Wetters und letztlich des Finders. Dennoch bleibt es eine Tatsache, daß diese westgermanische Zunge, hier am Beispiel zweier Werke Chaucers erläutert, zu einer gleichberechtigten Stellung im Rechtsleben heranwuchs. Man könnte ebenso die Schöffensprache Londons gegen 1400 heranziehen, die gleichzeitig mit der niederdeutschen Rechtssprache einsetzte. Beide steckten den Anfang der vom Französischen und Lateinischen unabhängigen Seemachtsprache ab. Die erste wird zur Seemacht-Weltsprache entwickelt, die zweite verliert an Bedeutung und bleibt hier außer Betracht. Für nicht-leibeigene Seeleute, die an Bord eines englischen Piratenschiffs anheuerten, galt, wie für alle freigeborenen oder frei gewordenen Engländer, diese neue Kommandosprache allgemein. Die Schiffsglocke als Symbol war auf englischen Schiffen dieser Zeit als Mannschafts-Stundenglocke am Bug angebracht, um zu zeigen, daß sie nicht nur für den Kapitän als Schiffsbefehlshaber Richtung und Stunde bekanntgab, sondern eine solche, die auch für die Mannschaft als Mitpassagiere gewohnheitsmäßig oder sogar nach verbrieftem Recht die clock schlug. Die englische Sprache, die sich von verschiedenen Fesseln befreite, setzte zu Wasser und zu Lande den mariner wie auch den landlubber frei. Die Schiffsglocke, der Astrolab und das Steuerrad bestimmten den Kurs auf dem Weltmeer wie Sprachstruktur, Formen- und Satzlehre die Kommunikation auf dem englischen Festlande. Sowie das Mittel- und das Neuenglische Verschmelzungsprozesse auf der west- oder nordsee-germanischen Sprachskala darstellen, so hat Beowulf und nicht der Rosenroman den linguistisch-literarischen Rahmen im Englischen vorgegeben und geprägt.

Die gestohlene Flaschenpost ist auf der Nordostseite Englands angekommen. Ihre Botschaft steht über den Gezeiten und erteilt eine einfach zu verstehende Auskunft: das Mittelenglische des Volkes hat die fremde Hofsprache der normannischen Eroberer sprachlich ausgehöhlt und ausgetrocknet, sowie es in diesem verbündet=geeinten Volk unumkehrbar eingepflanzt und zum hybriden Aufblühen gebracht. Weil bloß eine Flaschenpost für die Veröffentlichung dieses Essays gesorgt hat, ist der bestohlene Professor aus Kiel nicht etwa verärgert, sondern erleichtert mit ihrem Bekanntwerden einverstanden. Denn eins steht fest und darf als erwiesen gelten: diese Post von Kampen nach York ist kraft des Meeres durch Zufall auf richtige Distanz gegangen. Das alte Jorvik freut sich mit dem neuen York und großräumig wahrscheinlich auch mit New York an dieser Rechtsspur. Eine Revision des Rechts ist in der richtigen Distanzierung vielversprechender als das Chaos eines vorübergehenden politischen Sturms. Mit Beibehaltung einer gewissen

Distanz erweist sich die Demokratie „durch ein dunkles Spiegelglas" wie eine Briefpost durchschaubar und als vorherrschend aufgeschrieben.

Der gedankliche Zusammenhang zwischen meinem Gedicht und diesem Essay besteht in dem Kräfteverhältnis von oberster Herrschaft und unterdrückter Mitherrschaft. Das herrschaftliche Anglo-Normannische hat das Angelsächsische auf die Dauer nicht überwältigen oder bezwingen können. Die linguistische Konföderation ging zugunsten des Mittelenglischen aus. Die Göttin Anglia hat den Siegeslorbeer errungen.

## 9. 2000 *Meine Feste Wartburg* / Bundeskanzler Willy Brandts Rücktritt 1974

Meine Feste Wartburg

Fest steht mir jetzt vor Augen
die Wartburg in aller ihrer Wucht,
trotz verbleiter Fenster weite Sicht,
verlängert als Ackerfurchen neuer Sprache.

Für mich barg die weitsehende Warte
das schöne alte Geheimnis
das den Frost vom Romschleier schmolz,
und als Ferne solche Nähe weit vortrieb.

Ein Band umschlingt Elisabeth,
Martin, Johann Sebastian, Eisenach,
Ingen in der Thür-Öffnung
als Feste niet-verzagt, als Burg fortbergend.

Ironischweise richtet sich der Stil dieses Gedichts eher nach der Sprachauffassung Thomas Müntzers (um 1490–1525) als nach derjenigen Martin Luthers, seines Gegners. Der Leser wird direkt angesprochen. Die Bilder stammen nicht aus Büchern, sondern der Natur. Die Metapher der Ackerfurchen neuer Sprache scheint mir gelungen. Das schöne alte Geheimnis der Warte spricht uns an, ebenso wie der Romschleier und das Zerlegen einer Zargen-Türöffnung in Thür-Ingen. Die Wartburg hat bekanntlich den Junker Jörg verborgen, der den aufrührerischen Gegner später geistig auslieferte und ihm nicht zur Hilfe kam nach der Niederlage der aufständischen Bauern von 1525 bei Frankenhausen. Ein Jahr vor Müntzers grausamen Tode, nachdem er die deutsche Sprache in den Gottesdienst eingeführt hatte.

Seine Sprachauffassung verbreitend formulierte er so: „Es wirt sich nicht lenger leiden, das man den lateinischen worten will eine kraft zuschreiben, wie die ungelarter lassen aus der kirchen gehen dan hyneyn, so ye Got gesagt hat Jesaja 54:13 ..."

In dem folgenden Zeitungsaufsatz in der Baseler Nationalzeitung vom 11. Mai 1974 wird meine These zum Rücktritt Bundeskanzlers Brandt dargelegt, die vom obigen Gedicht weit abzuliegen scheint. Dennoch existierte eine Rivalität zwischen Schmidt und Brandt wie zwischen Luther und Müntzer. Die Frage muss offen bleiben, ob sich „Helmut Schmidt für den besseren Kanzler hielt." Stellvertreter für die Schuldigen, Baseler Nationalzeitung Historiker und politische Wissenschaftler werden sich noch lange darüber streiten, welche gesamtpolitischen Zusammenhänge jenseits des unmittelbaren Anlasses zum Rücktritt am 6. Mai 1974 geführt haben. Der Schreiber dieser Analyse hat den Bundeskanzler während seiner Amtszeit bewundert und wird sich nun um wohlwollende Objektivität bemühen, soweit sie einem Außenstehenden ohne Zugang zu allen Informationen zur Verfügung steht.

Welch eine dramatische Verwicklung des Schicksals: ein ostdeutscher Meisterspion mit dem Decknamen für Wilhelm kompromittiert als Kanzlerberater seinen Chef, den Kanzler des Vertrauens, mit dem Kampfnamen Willy Brandt, so dass dieser freiwillig aus politischer Verantwortung sein hohes Amt zur Verfügung stellt.

Der Kanzler scheint mir selbst das Stichwort geliefert zu haben, das wie eine Kurzformel Perspektiven aufwirft, die unsere Betrachtungen weiterführen soll: er übernehme „die politische Verantwortung für *Fahrlässigkeiten* im Zusammenhang mit der Agentenaffäre Guillaume. Hat das Willy Brandt nicht schon öfter während seiner Amtsführung übernehmen müssen, sogar für vergangene Verbrechen anderer? Ist nicht seine Kanzlerschaft geradezu nur denkbar gewesen als wiedergutmachende Folgeerscheinung der Verfehlungen und Verbrechen der Nazizeit, also letztendlich der Fahrlässigkeiten der deutschen Wähler von 1933? Besinnen wir uns auf eine symbolisch aufgeladene Szene, die diesen zusammen hang blitzartig und für manche erschütternd zum Ausdruck brachte! Wer müsste nicht an die unvergessliche Szene denken, die für immer mit dem Menschen Brandt verbunden bleiben wird: der deutsche Kanzler kniet vor dem Mahnmal der von seinen nationalsozialistischen Gegnern einst ermordeten jüdisch-polnischen Opfer.

Diese spontane Geste des historisch einholenden Rücktritts oder -schritts, dieser Aussöhnungsversuch von Vergangenheit und Gegenwart, die für viele Brandts Größe des Verständnisses für immer, gleichsam photografisch, festhalten wird, symbolisiert einen brandtschen Zug, der einerseits speziell zu unserer Zeit gehört, andrerseits als vikarische Übernahme der Sündenvergebung, so säkularisiert auch immer, die Form der Erscheinung gewirkt haben mag. Für seine Verantwortung stehen zwei Erklärungshypothesen bereit: ein Politiker wird dann zum ‹mythischen› Sprecher der tiefsten und auch der verdrängten Anliegen des von ihm regierten Volkes, wenn er wie ein Vater diese Ängste aus dem Unterbewusstsein der Volksseele zu heben versteht und sie bildlich und bündig artikulieren kann. Symbolisch gesehen, kniete der anti-faschistische Deutsche nieder, weil er das Verzeihen Polens in einer Gedenkminute stellvertretend erwirkt haben wollte. Dies ist auch dann noch bezeichnend für ihn, wenn es um Ereignisse geht, die sein Amt hypothekarisch belasten, aber dimensional jenseits der Vertretbarkeit von Durchschnittsmenschen liegen auf historischen, politischen oder einfach moralischen Ebenen. Knien nach Auschwitz ist unbarbarisch. Im Unterbewusstsein mag Brandt ein säkularisierter ‹Christ› geworden sein, selbst wenn er auf der öffentlichen Bewusstseinsebene als Atheist gilt und sich selbstverständlich im besten Sinne als Sozialist versteht. Es ist die These dieser Gedenkbetrachtung, daß vermutlich hier der Schlüssel zum Verständnis des Rücktritts vom 6. Mai zu suchen sei: die engsten Vertrauten oder besser gesagt, Mitarbeiter des Kanzlers ließen ihrerseits fahrlässig einen Judas Ischariot durch die Maschen schlüpfen und verfehlten es, ihrem Meister den Verfassungsschutz zu gewähren. Es verwundert daher nicht, daß berichtet wird, die beiden Bundesminister hätten vorher ihre eigene Demission angeboten. Dennoch übernahm im Endergebnis ihr Regierungschef zum letzten Mal die Gesamtverantwortung für den eingetretenen Mangel an Umsicht seiner Untergebenen, wahrscheinlich aus stark ausgeprägtem opferwilligen Pflichtgefühl und selten breit entwickeltem Verantwortungsbewusstsein. Man kontrastiere damit etwa die Haltung des ehemaligen Verteidigungs-ministers Franz Josef Strauß, die zur sog. ‹Spiegel-Affäre› führte.

Ich bin mir darüber im Klaren, daß hier ein argumentum a majore ad minus vertreten wird. Wie meinen, der Kanzler hat wohl kaum, wie vermutet wird, aus Schwäche, sondern eben gerade aus Ich-Stärke, aus starkstromigem Verantwortungsgefühl demissioniert. Das heute fast schon altmodisch wirkende Wort ‹Zivilcourage› im Sinne einer Aufopferung scheint mir den Sachverhalt akkurater zu beschreiben, nämlich als eine Art unversöhnlicher Deckung einer für die Bundesrepublik peinlichen Vertrauenskrise.

Der Rücktritt des Friedensnobelpreisträgers erwartete das, was auch prompt eintrat: die Demokratie möge in der Bundesrepublik ohne ihn weiterfunktionieren. Keine Hysterie dürfe entstehen und auch anscheinend nirgends entstanden. Ein Mann des Vertrauens ist zurückgetreten, um das Vertrauen in das Kanzleramt zu erhalten. Niemand beneidet seinen Nachfolger.

Die Fernrichtung aus der Wartburg könnte mit der Richtlinie des Kanzleramts verglichen und abgestuft werden. Diesmal kommt es eher auf einen Kontrast an.

## 10. 2012 Günter Grass *Lebenslang* / Ein Dichter ist kein Diplomat 2014 als Kontrast

LEBENSLANG

Auch an atlantischer Küste
laufe ich baltische Strände ab.
Bis zur Mole,
dann der Fußspur entgegen.
Ob Bernstein, ob Muscheln,
nur Vorwand sind meine Fundsachen,
denn was ich suche,
bleibt unbestimmt.

Sowie Grass dies Kürzgedicht zu seinen späten schönsten rechnet, so glauben wir, daß es sich um ein abgestuftes Poem handelt. Das erkennt man äußerlich an dem treppenartigen Abdruck, aber auch an dem Verschlungensein der Küstenabschnitte und ihrer inneren Austauschbarkeit. Der Kontrast besteht zwischen der harten Mole, die wie eine zementene Buhne aussehen mag und der weichen Fußspur, der er entgegen geht. Es gibt Alliterationen zwischen bal-, bis und Bern-, wie zwischen Fuß-, Vor- und Fund-. Nachdem er 1997 eine Gedichtsammlung, Fundsachen für Nichtleser, herausgegeben hatte, richtet er diese ‹Fundsache› an Leser, tuscht sie nicht, sondern erklärt das Gesuchte als unbestimmt. Es handelt sich um nichts Geringeres als Strandabschnitte die er, obwohl die Ostsee die gleiche blieb, lebenslang wechseln musste. Das Angespülte bleibt lange nicht identifizierbar. Unausgesprochen bleibt das Finderglück.

Dieses Gedicht wird mit einem Kurzessay über ein anderes Gedicht von Günter Grass verglichen, das sein Schweigen bricht.

### Ein Dichter ist kein Diplomat: Zu Günter Grass' neuestem Gedicht

Es gibt mehrere Tendenz-Gedichte in der deutschen Literatur. Eins davon beginnt bei Goethe, „Dichter lieben nicht zu schweigen...". Diese Tendenz hat sich bis heute selbst hinauf zu Nobelpreisgekrönten Dichtern nicht geändert. Bei Grass geht es um einen Kommentar in Gedichtprosa zu seinem bisher geübten Schweigen und ein nunmehr begonnenes Reden. Er ist aber auch eingedenk Goethes Warnung, wie es in dessen oben angefangenen Gedicht, „An die Günstigen", weiter heißt: „Niemand beichtet gern in Prosa;". Was beichtet Grass in seinem neuesten Gedicht und wie tut er das?

Grass' Prosagedicht, das online verfügbar ist, zerfällt in zwei Teile, erstens, Überschrift mit Block I–V, Zeilen 1–36: erstens, was das Schweigen bisher verbarg; und zweitens, Block VI–IX, Zeilen 37–70: warum er das Schweigen jetzt bricht. Der Versbau ist gewollt unregelmäßig. Teil Eins variiert absichtlich unrhythmisch und asymmetrisch die Länge [mit Überschrift] jeweils 5, 6, 6, 6, 13, Teil Zwei 6, 11, 12, 5 Zeilen. Im I. Block wird insinuiert, daß ein Atombombenabwurf nicht etwa heimlich, sondern offen in Planspielen geübt wird. Im Ernstfalle würden Menschen zu Fußnoten, d. h., bis zur Unkenntlichkeit verkohlte, geschrumpfte Leichen, nicht größer als Anmerkungen werden. Der II. Block schweigt von dem Erstschlag eines möglichen atomaren Präventivkriegs, der das iranische (gemeint teheranische) Volk auslöschen könnte, weil dort der Bau einer Atombombe vermutet wird, deren Konstruktion ein iranischer Maulheld (gemeint Achmadinedschad) behauptet und die, impliziert, gegen einen bestimmten Staat gerichtet wäre. Im III. Block wird gefragt, warum wird von ihm bisher jener andere Staat nicht beim Namen genannt? In diesem Land wird nämlich, umgekehrt und heimlich, ein nukleares Potential gehortet, das einer Expertenkontrolle von außen nicht zugänglich, daher objektiv nicht überprüfbar ist. IV. Block: dieser doppelte Tatbestand, die offene, möglicherweise bloß bluffartige und die andere, geheimgehaltene, aber weiter wachsende wirkliche Konstruktion, muss jetzt angesprochen werden, sonst bliebe am Autor eine Lüge hängen. Das Auflassen der vermuteten Wahrheit würde ihm den Vorwurf eines strafbaren Antisemitismus einbringen. V. Block: in seinen eigenen Land, wo ein Genozid als einzigartiges Verbrechen verübt wurde, und das deswegen immer wieder zur Rede gestellt wird, werden, als Wiedergutmachung dieses Verbrechens, Unterseeboote hergestellt und wird eines erneut nach Israel exportiert. Es könnte im Einsatz atomare Sprengköpfe auf den Iran lenken, wo die Existenz von einem Atomwaffenwerk vermutet wird, aber bisher nicht nachgewiesen worden ist. Weil diese Befürchtung als Beweis für den Selbstverteidigungs-Erstschlag gilt, ihn aber nicht hat, bricht der Dichter sein Schweigen.

Zum Inhalt des Zweiten Teils; Block VI: warum er bisher schwieg, hängt mit seinem Makel einer Waffen-SS Mitgliedschaft [als Siebzehnjähriger] zusammen, die er lange Zeit verschwiegen hatte. Jetzt aber glaubt er, dem israelischen Publikum diese hier ausgesprochene Wahrheit als Tatsache einer Berichterstattung zumuten, also aussprechen zu können.

Block VII: warum riskiert er es jetzt, öffentlich zu sagen, dass Israel durch diese Atommachtspolitik den prekären Weltfrieden gefährde? Weil es rechtzeitig, und nicht sinnlos zu spät, gesagt werden muss? Weil wir Deutsche als Zulieferer des [sechsten?] atomaren U-Boots, Mitanstifter eines solchen Erstschlags-Verbrechens werden könnten. Eine solche Mitläuferschuld wäre durch keine Ausrede reinzuwaschen. Grass will sich ihrer nicht mitschuldig machen.

Block VIII: er breche sein Schweigen ehrlich, weil er der „Heuchelei des Westens überdrüssig" sei; Als Abfasser hofft er, dass „sich viele vom Schweigen befreien" würden und „den Verursacher der erkennbaren Gefahr" [das kann Achmadinedschad und/oder Netanjahu sein] „zum Verzicht auf Gewalt auffordern". Das kann nur erreicht werden durch „permanente Kontrolle" „des israelischen atomaren Potentials und der iranischen Atomanlagen" seitens internationaler Behörden in beiden Ländern.

Block IX: nur aufgrund dieser überprüfbaren, kontrollierenden Überwachung kann Israelis, Palästinensern und allen anderen Einwohnern dieser „vom Wahn okkupierten Region", und damit uns allen geholfen werden.

Es geht also in diesem Prosagedicht um die Niederlegung einer Tabuschranke vor der Gerechtigkeit nach dem Motto *audiatur et altera pars*. Eine Atombombe ist gefährlicher als drei feuernde Schlachtschiffe, selbst wenn sie von der Bestückung des kleinsten Kampfschiffs, dem U-Boot aus Deutschland, abgeschossen wird. Der Tod darf nicht wieder als Meisterstück aus Deutschland exportiert werden. Dem alternden Dichter darf es nicht länger die Sprache verschlagen. Paul Celan formulierte es in seiner Gedichtsammlung *Gegenlicht* von 1952 [dem Jahr des Antinazi-Einreisegesetzes] so: „Man redet umsonst von Gerechtigkeit, so lange das größte der Schlachtschiffe nicht an der Stirn eines Ertrunkenen zerschellt ist". Günter Grass denkt, solange die Sprache unversenkt bleibt, bleibt ihm seine Stirn als die einer *persona grata* erhalten. Er ist kein Diplomat, dem sie entzogen werden könnte.

Dieser Essay erschien in einer gekürzten Form in den Westfälischen Nachrichten am 12.04.2012. Ein Dichter ist kein Diplomat, das soll heißen, er schreibe unverdrossen weiter und diese seine poetische Prosa und seine ausdrucksstarke Poesie verfasst er als Gutwilliger auch nach Auschwitz weiter. Gedichte können manchmal die Phantasie bezähmen und das Unterbewusstsein, wenn auch das Unrechtsbewusstsein präsent bleibt, reinigen.

## 11. 2014 *Schweizerpsalm* / Baseler Saisonnierprofessur 1974/75

Die Schweizer Nationalhymne wurde 1840/41 gedichtet und komponiert. Sie wurde aber erst 1961 offiziell gesungen. Der Text gilt wegen der Zeitveränderung in diesem Jahrhundert als veraltet und sollte 2014 irgendwie erneuert werden. Ein gemeinnütziger Verein beschloss, Text und/oder Melodie zu „entstauben". Ein Wettbewerb wurde ausgeschrieben und über eine Rechtsanwaltskanzlei in Luzern abgewickelt. Der Verfasser, der zu Basel ein besonderes Verhältnis, das zu einer alteuropäischen Habilitation in deutscher Philologie führte, hat, beschloss sich an dieser Ausschreibung zu beteiligen. Er wollte herauskriegen, ob er es textlich unter die ersten Zehn schaffen würde. Denn der neue Hymnentext sollte poetisch-prosaisch ausfallen und die Präambel der Schweizer Bundesverfassung berücksichtigen und auf die viersprachig vertretenen Grundwerte der Demokratie in der Schweiz zu sprechen kommen. Verfasser musste laut Vorschrift sein Beteiligungsinteresse als Ausländer begründen. Die Chancen standen von Anfang an gering. Der ablehnende Bescheid der 30-köpfigen Jury, die offenbar die Akzeptanzaussicht in der Schweizer Bevölkerung ebenfalls als gering einschätzte, lautete folgendermaßen:

> „Leider konnte Ihr Beitrag nicht für die engere Auswahl berücksichtigt werden, welche der Öffentlichkeit präsentiert wird. Über die Gründe der Wahl oder Nicht-Wahl wird keine Korrespondenz geführt. Die Jury möchte Sie aber ermutigen, weiterhin künstlerisch tätig zu sein und Ihren Wettbewerbsbeitrag wenn möglich anderweitig zu verwenden. Ab sofort sind Sie nicht mehr an die Anonymität Ihres Beitrags gebunden."

Hier folgt meine erneuerte Version des Schweizerpsalms, den ich, weil kein Komponist, auf eine
Texterneuerung beschränkte:

### Neuer Schweizerpsalm

Schweizer Volk Glück auf im Rund
stärk den Frieden dir im Bund
düütsch, rumantsch und welsch, tessin'
zum St. Gotthard Pass alpin
Berner Uhrturm, Züricher Notar
Basler Fasnacht mit Geschrei
halten dich in fester Reih:I
Heil im grünen Unterland
heil im grünen Unterland.

Rheinfall bis zum Langensee
Genf zu den Grisons, juchhe
freie Vielfalt hoch geblickt
bundesstaatlich schützend
Frau Helvetia
rücksichtsvoll den schwachen
Kindern Lasset uns erwachen nun:I
Rot im weißen Oberland
rot im weißen Oberland.

Schweiz verein die Schiedlichen
Wohl den wehrhaft Friedlichen
Vorbild sei und neutral
bündisch' kantonal
Suisse verkörpert Europa
weise steil den Weg empor
stolz zum neuen Psalmenchor:I
Schweizer Kreuz im Vaterland
Schweizer Kreuz im Vaterland.

Aus dem Rückspiegel verrät mir die Selbstkritik, daß auch dieser Text altmodisch klingt, obwohl der Text mit seiner ausgewogenen Bildqualität sich gut absingen ließ. Die Landschaftsstufung und die wichtigsten Erinnerungsorte kommen vor. Insofern war der Akzeptanz vorgebaut. Aber die Endreime, nach dem Schema aa bb x cc dd gebaut, sind wirklich altbacken und so wird es ganz klar, daß man allenfalls das Mittelfeld bei der Ausscheidung erreicht haben konnte.

In einem anderen Genre und mit mehr Flair räumte die Baseler Nationalzeitung im Januar 1975 dem frisch Habilitierten einen akademischen Freudenjubel als „schöne Erinnerung an seine Gastprofessoren-Zeit" ein: Dort werden nach Auffassung der Redaktion die Eindrücke und Episoden an der Universität Basel von einem amerikanischen Gastdozenten wie ein Haufen Leckerli empfunden (mit Photo eines solchen Haufens von Hans Bertolf!): Damals besaß ich einen amerikanischen Pass und fühlte mich tatsächlich wie ein europasüchtiger Amerikaner.

Ein Amerikaner in – Basel

Fremder, kommst du nach Basel, so verkündige dorten, du habest deine Handschuhe nicht ablegen dürfen, denn alles Fassbare war so bedeutend, wie es der genius loci befiehlt. Sei nicht aus Schwabenland! Und kannst du kein Baseldytsch schwätzen in Läden und Restaurants, so könne Französisch, nötigenfalls eins mit harter germanischer Erstbetonung, oder weise dich aus als Exote, das gibt dir eine Art gentiler Narrenfreiheit und gegebenenfalls eine neue Flasche Dole, wenn die die erste mangels Guggenqualität auf den sauberen ACV-Boden bei Migros gefallen sein sollte. Wittere in jeder Spitze die taktvolle Aufforderung, dich in der fast königlichen Stadt ja wohlzufühlen, oder ein azerbischer Gryff könnte deinen Mantel zerzausen, während du über die Mittlere Rheinbrücke schreitest. Der Rhein drunten führt keine essbaren Fische mehr, die Rheinbrücke keinen trinkbaren Soda, denn Basel selbst ist sodaesque und sprüht aus natürlicher Eigenquelle.

Laufe am besten ...

Es geschieht nicht alle Tage, dass eine akademisch gemeinte Einladung von der ersten Philosophischen Fakultät der Schweiz an das abgelegene College of Liberal Arts von Florida ergeht. Im November vor zwei Jahren verirrte sich eine in den amerikanischen Süden, nach Gainesville und erreichte einen Floridaner in einer Sonderbereitschaft, die ihm eingab, um Urlaub zu bitten.

Welcher professor of German könnte einer Einladung aus der vielseitigen Stadt der Brückenköpfe, der ersten Augustinus- und Danteübersetzungen, des Erasmuskults, der Holbeine, der elsass-lörrachinger Invasionen, der feuer- und wasserspeienden Gryffe, der c-k-d-ts, der akademischen Totenfeiern mit Köfferchen entnommenen Einheitstalaren, des Dingedinge, der heiligen jüngeren Fasnachttraditionen, der fastfranzösischen Küche und des unnachahmlichen Nebelwetters widerstehen, wenn er an nichts anderes gewöhnt ist als an serbelnde Palmen, listige Alligatorenzähne, Hamburgers und die böse heiße Sonne Subtropiens?

Welche Leckerli birgt nun eine solche ehrenvolle Einladung zur Gastprofessur an der Universität Basel, möchten Sie wissen? Nun, sie verbirgt eine ansehnliche Arbeitslast, einen halbierten Gehaltsscheck, ausgezeichnete Sekretärinnen, eine gehörige Portion verwaltungstechnischen Hinhaltens, viel eigenplanerischen Spielraum gegenüber aufrichtig gemeinten Bildungshochmut (der sich nur unter dem Einfluss herber ländlicher Weine verrät!), sich indes auf eine lange Kette ansehnlicher wissenschaftlicher Errungenschaften zu berufen vermöchte, eine Kette, deren humanistische Glieder die dickeren gewesen sein dürften.

Laufe am besten zur Arbeit, denn mitnichten laden dich Parkplätze zum Parkieren ein. Deine Wagenmarke, bekannt durch das warnende Zeichen <Arrive Alive>, wird respektiert werden und sie kann der Baseler Polizei das allerhöchste Lob zollen und dem zoll die allerniedrigste Aufmerksamkeit in Europa bescheinigen. Die Stoßdämpfer indes beklagen sich bitter über das Straßenbau-Unwesen, zu schweigen von den Kassenlöchern im Erziehungsdepartment!

*... Und erhalte dir ein Konto*

Saisonnier, kaufe dir einen noblen Aeschenvorstadtanzug, du wirst ihn zwar teuer bezahlen, aber er wird dir dafür bis fast ans Lebensende verlässliche Dienste leisten, besonders mit den seidiggleitenden Beineinlagen. Erhalte dir ein Konto in Basel, ziehe die Franken nicht ab, denn später kannst du sie, wenn sie gestiegen, noch besser gebrauchen.

An der Universität kommt man dir freundlich entgegen, selbst ein gewichtiges Zertifikat kann mit Ausdauer erarbeitet werden! Der Respekt, den man von der Erudition der akademischen Umgebung mit nach Hause nimmt, ist beeindruckend, die Bibliothek eine der besten Europas. Solidarität zwischen und zu den Studenten schien so oft aufzuleuchten wie die Sonne im goldenen Herbst 1974, der Leistungswille vieler Studenten wirkte oft wie gelähmt. Das ist vielleicht die einzige wirklich gravierende Erfahrung des ganzen Aufenthalts. Die Existenzangst der Studenten wird dadurch nicht gelockert, die Statusbewahrungsangst der Professoren auch nicht. Trotz raspelnder Flachsereien geht es immer noch hübsch ordinarisch/studentisch zu an der ersten Philosophischen Fakultät.

Scherz und didaktisch gezielte Bosheit beiseite: das schöne Jahr ist nur allzu schnell verflogen, der Saisonnier ist dankbar für die fruchtbare, anregende Zeit (und wäre ganz gerne geblieben, aber der Wagen …). Fremder, kommst du von Basel, so verkündige im Ausland, du habest es dorten wahrlich genossen und der unfassbare genius loci basiliensis habe weise bedächtig gelächelt, als er dich gnädig entließ.

Diese Baselsatire stuft in semi-poetischer Form das auch nicht ganz unprosaische Erlebnis der Schweiz ein und verarbeitet es kreativ. Die Redaktion war davon angetan sowie die Jury des vielleicht doch zu prosaisch-nüchternen Gedichttexts ablehnend eingestellt sein musste. Der jugendfrische Eindruck sprüht, die alte Sinnierung leuchtet wirklich nicht mehr stark ein.

## 12. Philipp Scheidemann *1919* / An seine Kinder / 1926 Familiengrab

Weil der deutsche Reichsministerpräsident den Versailler Vertrag, der den Deutschen die alleinige Kriegschuld zuschob, nicht unterzeichnen wollte, trat er zusammen mit seinem ersten Nachkriegskabinett in der Weimarer Republik am 20. Juni 1919 zurück. Am 7. Mai 1919 überreichten die Alliierten den Versailler Vertrag als Dokument, das, erniedrigend für die deutsche Sprache, völkerrechtlich nur auf Englisch und Französisch Geltung hatte. Scheidemann brauchte die öffentliche Diskussion, um sich als Kanzler über die ablehnende Haltung seiner Regierung schlüssig zu werden. Die Nationalversammlung traf sich zur Sitzung in der Berliner Universitäts-Aula.

Scheidemann brandete dort als Redner zu leidenschaftlicher Form auf. Seine Sprache ist absichtlich bildreich:

> „Wir jagen keinen nationalistischen Traumbildern nach ... Das Leben, das nackte, arme Leben müssen wir für Land und Volk retten, heute, wo jeder die erdrosselnde Hand an der Gurgel fühlt."

Dann klopfte er mit seiner rechten Hand auf das umfangreiche Diktatbuch und röhrte:

> „Ich frage Sie, wer kann als ehrlicher, vertragstreuer Mann solche Bedingungen eingehen? Welche Hand müsste nicht verdorren, die sich und uns in solche Fesseln legt? – Dieser Vertrag ist nach Auffassung der Reichsregierung unannehmbar."

Scheidemann hat unter seinen Nachlasspapieren ein Gedicht hinterlegt, das damals entstanden ist und die Jahreszahl als Titel trägt. Geradezu schlagend für unseren Zusammenhang ist abgestufte Verwendung der vergleichbaren Phrasen „erdrosselnd" und „verdorren" in Ansprache und Gedicht. In der ersteren allitterieren Leben und Land, reimt sich Land zweimal mit Hand. Hier das Gedicht:

```
           1919

Als Alle brüllten: „Unterschreiben!"        a
Sprach ich entschlossen: Nein!              b
Man schrie: Dann könntest du doch bleiben!  a
Drauf ich: Mein Nein bleibt Nein:           b
„Müßte nicht die Hand verdorren",           x
Die uns in solche Fesseln schlägt?          c
Wo lebt ein freies tapferes Volk,           x
Das solche Last und Schande trägt!          c
```

Seine innere Last und die Vergeblichkeit seiner Verhandlungsbemühungen um einen ehrenvolleren Waffenstillstand und Frieden nach den Vierzehn Punkten Präsident Woodrow Wilsons hat er mit Hilfe der dichterischen Sprache zu erleichtern gesucht. Sein von vielen Deutschen geteiltes Wunschdenken schlägt sich nicht nur in diesen Texten nieder, sondern auch in der polemisch gemeinten Kurzformel vom gegen ihn gehaltenen Scheidemann-Frieden. Klingt es in den Kehlen der Demokratiegegner während der Weimarer Republik nicht wie ein expressionistisches Oxymoron?

Formal ragt dieses offenbar eilig hingeschriebene Poem durch die Wucht der Aussage im Unterbewusstsein des Kanzlers, der die Deutsche Republik schützen wollte und sollte. Es zeugt nicht von Realpolitik, aber von stolzem Patriotismus. Privat hatte er schon fünf Monate früher klargestellt, daß er eigentlich nicht regieren wollte. Dieser Brief wird hier zum ersten Mal in der Diskussion öffentlich gemacht und seinem Aufschreigedicht gegenübergestellt:

STAATSSEKRETÄR SCHEIDEMANN
          BERLIN W. 8. ..... 26. 1. 19
          WILHELMSTRASSE 74

Liebe Kinder!

Ich habe soeben Briefe von Euch gelesen, die am 10. Januar von Euch geschrieben worden sind. Ihr macht Euch mehr Sorgen als notwendig ist. Die hiesige Sensationspresse kennt ihr doch zur Genüge. Sie ist aber ein Waisenknabe im Vergleich mit der ausländischen, besonders auch der dänischen, die viel mit marktschreierischen Ueberschriften arbeitet – Es war nur zeitweilig gewiß nicht schön, aber so schlimm, wie es Euch wohl erschienen ist, war es nicht. Bei uns in der Wilhelmstrasse war es wohl am schlimmsten mit dem Spartakistenradau. Wir haben uns aber nicht verblüffen lassen und als wir so viel Soldaten beisammen hatten, als wir gebrauchten, um die Schwefelbande auszuheben, da griffen wir energisch zu. – die Tragödie Liebknecht = Luxemburg ist sehr schlimm. Wir haben den dringenden Wunsch, daß die rätselhafte Sache restlos aufgeklärt wird. Das Verschwinden der Luxemburg ist so mysteriös, daß ich nicht die Annahme gänzlich von der Hand weisen möchte, daß Rosa gar nicht tot ist, vielmehr eines Tages irgendwo auftauchen wird. – Der Mutter geht es immer noch so la-la, heute so, morgen so. Mir geht es dagegen ausgezeichnet, soweit unsere Gesundheit inbetracht kommt. Der Verdruß und Ärger fehlt es mir natürlich nicht. Von Anfang Februar an siedeln wir mit der Regierung nach Weimar über, wo die Nationalversammlung stattfindet. Ich möchte lieber heute als morgen aus der Regierung heraus.

Herzliche Grüße von uns allen – wir sind alle beim Mittagsmahl bereits versammelt.

Von mir besonders einige Küsse für Euch und Hannele und Peterle.

                       Euer Vater

Offenbar hat er diesen Brief auf Amtspapier in seinem Büro während einer Verschnaufpausen seine Kinder geschrieben und damit auch an deren Mutter, seine geliebte <Kruke>, Frau Johanna, geb. Dibbern (1864–1926) aus dem damals noch dänischen Dithmarschen. Sie liegt auf dem Südwestkirchhof zu Stahnsdorf, dem zweitgrößten Friedhof nach Hamburg-Ohlsdorf, begraben. Er wollte neben ihr beerdigt werden. Da er damals nicht wusste, daß er in Kopenhagen 1939 als Exilant sterben müsste, wurde er zunächst auf dem Kopenhagener Bispinghof bestattet, bis 1954 die Urne von ihrem Bürgermeister Sørensen nach Kassel gebracht wurde. In Kassel wurden beide Eheleute verfemt, verspottet und drangsaliert. Es gibt sogar eine Karikatur zur Abgeordnetenwahl von 1924, wo es heißt: „Zerreißt das Narrenseil – wählt bürgerlich", auf dem Scheidemann mit einem Schafskopf abgebildet wird, der die Fäden vom roten Rathaus durcheinander bringt. Heute liegen seine sterblichen Überreste in einer dänischen Urne gegen seinen Willen in Kassel. In einem Vortrag während einer Tagung der Paul-Löbe-Stiftung in Berlin, Sozialdemokratische Regierungschefs, 20. November 2015, werde ich zu dieser Mißbestattung einen Vorschlag machen, der dem Willen des Kanzlerehepaares Scheidemann entspricht.

Wir kommen noch einmal auf Scheidemanns weiteres Auftreten vor der Nationalversammlung zurück, die Ende September 1919 ihren Sitz nach Berlin zurückverlegt hatte. Er hielt dort am 7. Oktober wieder eine Rede als zurückgetretenes, aber weiterhin einflussreiches Mitglied des Deutschen Reichstags. Zuerst beglückwünschte er seinen Nachfolger im Kanzleramt, Gustav Adolf Bauer (1870–1944) und ermahnte ihn, seine Regierung müsse stark gegen rechts sein, um bestehen zu können. Er greift damit seine Formel *Der Feind steht rechts!* zum zweiten Mal auf. Später wird sie Joseph Wirth zugeschrieben. Dann war der redende Scheidemann, nach links gewandt, fortgefahren: „Ich wäre sehr glücklich, wenn ich heute sagen könnte, er steht nur rechts."

Der neue Kanzler Bauer hatte unmittelbar nach Scheidemanns Rücktritt in seiner Reichstagsrede zur Annahme des Versailler Vertrags (wie ein früher Geistesbruder Alexis Tsipras von der linken SYRIZA Partei Griechenlands?) verkündet: „Wir sind wehrlos. Wehrlos ist aber nicht ehrlos!" Politisch abgestuft hilft im Notfalle eine hochstapelnde Alliteration über die Hürde. Scheidemann war als Publizist erfolgreicher. Seine beiden Hauptbücher wurden respektive ins Französische und Englische übersetzt. Bemerkenswert sind aber auch seine Broschüren „Es lebe der Frieden!", Berlin 1916 und „Die deutsche Sozialdemokratie über Krieg und Frieden", Berlin 1916/17; sie sind auf Jiddisch in der *Yubileum Oysgabe* vom 22. April 1917 auf Mikrofilm der University of San Francisco gespeichert. Diese Broschüren gehen auf die mit Wissen der monarchischen Deutschen Reichsregierung gehaltene und gedruckte Reichstagsrede vom

9. Dezember 1915, „Die Friedensfrage", 31 S., Verlag Georg Stilke Berlin 1915 (sic!) zurück. Über den deutschen Willen zum Frieden veröffentlichte er aber auch Artikel in der Dresdner Volkszeitung am 16.3.1916 und in der Bochumer Zeitung drei Tage später sowie im Kasseler Volksblatt und Berliner Tageblatt im Jahre 1916. Die von rechts sarkastisch gemeinte Beleidigung vom „Scheidemann-Frieden" entsprach nicht der Wahrheit. Als die Spiegel-Redaktion diese Phrase, wo der Feind wirklich stehe, fälschlich Reichskanzler Wirth zuschrieb und dieser Verfasser korrigierend an sie schrieb, erhielt er die schnöde Antwort, wenn man auf jeden Leserbrief eingehen wollte, hätte man viel zu tun.

## III. Ergebnis: Prosa stuft die Poesie – und diese formt Stufen zur Prosa

Die behauptete Präsenz konnte über mehrere Literaturperioden nachgewiesen werden. Sie zeigte sich im Altsächsischen, Mittelhochdeutschen, dem verdrängten Plattdeutsch, aber auch an abgestorbenen Sprachzweigen wie z. B. dem Hudson Valley Dutch oder dem vom Anglonormannischen nicht verdrängten Mittelenglischen. Sie hat sich besonders als zum Westgermanischen Sprachzweig gehörende Sprechweise mit einem besonderen Klang durch Tiefstellung, Abstufung, Alliteration in den west- und nordgermanischen Derivatsprecharten erhalten. Man erkennt sie heute noch an dem verführerischen Werbejargon der Deutschen Bank: „Léistung aus Léidenschaft" (statt am Kalkül!), die gerade dabei ist, das Kleinkundengeschäft aus Berechnung abzuwerfen. Selbst auf der Kundentreppe herrschen die schweren Tritte weiter.

Die deutsche Sprache hat sich über zwölfhundert Jahre an der Bibel, vor allem dem Alten Testament geschult. Ein gutes Beispiel bietet hierfür Jesaja 45:8: „Träufelt, ihr Himmel droben, und Gerechtigkeit möge frieseln die Wolken! Lasse Gerechtigkeit hervorwachsen zugleich ..." Im ersten Durchgang wird die Kehr herabgestuft, im zweiten hinauftransportiert. Jahrhunderte lang hat die lateinische Sprache, vor allem was praktische Neuheiten anging, das alte Deutsch beeinflusst. Dem folgten anderthalb Jahrhunderte Schulung durch das Französische. Und nun ist das amerikanische Englisch dabei, Denkbilder und Konjunktionen zu verdrängen und nach einem empfundenen Doppelpunkt die englische Infinitivkonstruktion zu übernehmen. So gelangt wie absichtslos durch die Hintertür das Niederdeutsche abermals zur Geltung. Niederdeutsch bleibt untergründig ein bewahrender Teil des Deutschen aber auch des Dutch. „Met Plattdütsch fallt de muurn." Die Stiege symbolisiert ein solches Gefälle. Heute auf Deutsch geschriebene politische Essays lesen sich, etwas übertreibend ausgedrückt, fast wie weniger elegant geschriebene englische Essays. Die Beilage zu den Westfälischen Nachrichten heisst deutsch-englisch Yango. Es gab bis heute einige dichtende politische Schriftsteller und sogar Kanzler (wie Philipp Scheidemann und Kurt-Georg Kiesinger). Sie traten in beiden Bereichen hervor. Indem sich Ansage- und Aussagedeutsch im Oberbewusstsein veranglisiert, vernniederdeutscht sich, wie mir scheint, zum zweiten Mal nach Luther tiefgehend unsere Muttersprache und wird streckenweise zu einer unkenden Onkelsprache herabgestuft. Das ist unser nicht vorausgesehenes Nebenergebnis. Darf man noch einmal an Theodor Storms charakteristischen Meeresstrand erinnern?

„Ich höre des gärenden Schlammes geheimnisvollen Ton,
einsames Vogelrufen – so war es immer schon ...
Vernehmlich werden die Stimmen, die über der Tiefe sind."

Oder gar an Heimito von Doderers Abschlußstiegenvers:

„Viel ist hingesunken uns zur Trauer Und das Schöne zeigt die kleinste Dauer."

Die von uns so genannte Abstufung soll nicht als Kategorie unserer Sprache, sondern als übergreifendes ästhetisches Element verstanden werden. Es markiert eine einschneidende und hörbare Stellungsveränderung und schafft eine neue Anbindung. Die ungeklärte Frage steht uns nun vor Augen: gehört diese Abstufung, diese poetische Hinlenkung auf das Prosaische zur Formenlehre oder zur Syntax? Der Satzaufbau im Mittelhochdeutschen ist weit freier und schmiegsamer gewesen als der heutige rigorosere, durch den Einfluß des Lateinischen logisierte. Die Interpunktion, wie wir sie heute kennen, entstand erst in der Renaissance. Das Mittelhochdeutsche orientierte sich ursprünglich an der Atempause. Durch den Einfluss des Lateinischen entstand der Schachtelsatz, der mittelhochdeutsche Dichtungsvers hält sich viele Stellungsfreiheiten strömend offen. In § 384 gesteht die Verfasserin des Syntaxteils der Mittelhochdeutschen Grammatik Hugo Moser-Ingeborg Schröbler, in der 21. Auflage, 1975, daß mangels eingehender Spezialforschung eine solche Syntax noch nicht dargeboten werden kann. Auch die Spitzengelehrten dieses Faches können keine eindeutige Stellung beziehen. Die Lautverschiebungen mussten vor der Doktorprüfung auswendig gekonnt werden, Die altbackenen Satzbaupläne wurden wie Schachtelanzeigen in der Forschung lange vernachlässigt.

Die Mittelniederdeutsche Grammatik hat inzwischen das ehrwürdige Alter von 100 Jahren erreicht. Sie stammt von Dr. Agathe Lasch, die erste deutsche Professorin auf diesem Gebiet, die sich 1919 in Hamburg habilitierte, 1934 als Jüdin entlassen und später in einem KZ ermordet, schrieb sie Ihre meisterhafte Quellendarstellung während der Sommersemesterferien

1910–1914 in Bryn Mawr, Pennsylvanien. Auch diese Parallelgrammatik zum Mittelhochdeutschen, die im gleichen Verlag Max Niemeyer erschien, enthält keine Sektion über die Syntax. Es ist also noch nicht erforscht, ob die lateinische Satzlehre die heimischen Gliederungsmöglichkeiten wirklich ersetzt hat. Daher muss bis zum Beweis des Gegenteils angenommen werden, daß die Poesie als Hebamme der Prosa von Anfang an primär gewesen ist und über Jahrhunderte eingeschnürt worden ist. Rechtsbücher, Schöffenbücher und Stadtrechte zeichnete Plausibilität und Schärfe aus und sie enthielten viel poetische Weisheit und Substanz. Unsere Studie soll als ein Beitrag zur heimischen Satzlehre gelten. Ironischerweise lässt sich das gut auf Lateinisch ausdrücken: *Quod erat demonstrandum.*

# IV. Apparat Literaturverzeichnis

## A. Literatur-kritische Beispiele

### Jacob Grimm

Jacob Grimm, von der Poesie im Recht. Zeitschrift für geschichtliche Rechtswissenschaft. Band II, Jahrgang 1816, Heft 1. Reihe Libelli. Band XXXVI Darmstadt 1957.

Wolfgang Frühwald, <Von der Poesie im Recht>. Jahres- und Tagungsbericht der Görres-Gesellschaft 1986, S. 40–60.

Steffen Martus, Die Brüder Grimm. Eine biographie. RoRoro Taschenbuch Verlag Hamburg 2013 (Berlin 2009)

Günter Grass, Grimms Wörter. Eine Liebeserklärung. Steidl Göttingen 2010. (s.a. Grass)

### Der Heliand

Otto Behaghel, Heliand und Genesis. Altdeutsche Textbibliothek Nr. 4, 7. Auflage bearbeitet von Walther mitzka. Max Niemeyer Verlag Tübingen 1958

Der Heliand in Simrocks Übertragung und die Bruchstücke der Altsächsischen Genesis. Eingeleitet von Adreas Heusler. Insel Leipzig 1935

Otto Behaghel, Bewusstes und Unbewusstes im dichterischen Schaffen. Gießen/München 1906

Clemens Burchhardt, Heliand für das 21. Jahrhundert. 2007

Altsächsisches Vaterunser aus dem Heliand, um 840 AD [nach meiner Zeilenabstufung]

   Fadar is ûsa  firiho barno,
   the is an them hôhon himila rîkea.
   Geúuîhid si thîn namo úuordo gehúuilico.
   Cuma thîn craftag rîki. Úuerda thîn úuilleo

   obar thesa úuerold álla, sô sama an érdo
   sô thâr úppa ist an them hôhon himilrîkea.

## Sachsenspiegel

Sachsenspiegel (Landrecht) Hg. Cl. Frhr. Von Schwerin. Eingeleitet von Hans Tieme. Reclam Stuttgart 1953

Karl Kroeschell, Der Sachsenspiegel in neuem Licht in Heinz Mohnhaupt (Hg.) Rechtsgeschichte in den beiden deutschen Staaten. Klostermann Frankfurt am Main 1991

## Martin Luther

Luther ausgewählt von Karl Gerhard Steck. Eingeleitet von Helmut gollwitzer. Fischer bücherei 1955

Erwin Arndt / Gisela Brandt, Luther und die deutsche Sprache VEB Leipzig 1983

## Thomas Müntzer

Thomas Müntzer rororo bildmonographien Hamburg 19785

Manfred Bensing, Thomas Müntzer VEB Leipzig. 4. Auflage 1989

Gerhard Brendler, Thomas Muentzer. Geist und Faust VEB Berlin 1989

## Goethe

Goethes Werke. Hamburger Ausgabe in 14 Bänden. Hg. von Erich Trunz. Band XII. Schriften zur Kunst Schriften zur Literatur Maximen und Reflexionen. Textkritisch durchgesehen von Erich Trunz und Hans Joachim Schrimpf. Kommentiert von Herbert von Einem und Hans Joachim Schrimpf. Verlag C. H. Beck München. 10. Auflage 1982

Karl Otto Conrady, Goethe Leben und Werk. Athenäum Frankfurt am Main 1987

## Schiller

Volker C. Dörr, Friedrich Schiller. Leben Werk Wirkung. Suhrkamp Basis Biographie Schiller

Suhrkamp Frankfurt am Main 2005

Gero von Wilpert Schiller-Chronik. Kröner Stuttgart 1958

## Heinrich Heine

Ludwig Marcuse, Heine. Rororo bildmonogrphien Hamburg 1960
H. Heine, Buch der Lieder Hamburg Hoffmann und Campe 1827
Heinrich Heine, Deutschland ein Wintermärchen. Hg. von Werner Bellmann. Reclam Stuttgart 2001

## Theodor Storm

Theodor Storm, Gedichte. Auswahl Hg. von gunter Grimm. Reclam Stuttgart 2002
Karl Ernst Laage, Theodor Storm. Leben und Werk Husum 1986
Regina Fasold, Theodor Storm VEB Leipzig 1988
David A. Jackson, Theodor Storm. The Life and Works of a Democratic Humanitarian 1992
Heinrich Detering, Kindheitsspuren. Theodor Storm und das Ende der Romantik. Boyens 2011

## Richard Wagner

Ludwig Marcuse, Das denkwürdige Leben Richard Wagners. München 1963
Udo Bermbach, Mythos Wagner. Rowohlt Berlin 2013
Martin Geck, Richard Wagner Rowohlt Hamburg 2004
Dieter David Scholz, Ein deutsches Mißverständnis. Pathos Berlin 1997
Wolf-David Hartwich. Deutsche Mythologie. Die Erfindung einer nationalen Kunstreligion. Philo Berlin / Wien 2000
Udo Bermbach, Blühendes Leid. Politik und Gesellschaft in Richard Wagners Musikdramen. Metzler Stuttgart / Weimar 2003
Udo Bermbach, Der Wahn des Gesamtkunstwerks. 2. Auflage. Metzler Stuttgart / Weimar 2004

## Hermann Grimm

Herman Grimm, Neue Essays über Kunst und Literatur. Dümmler Berlin 1865

Aufsätze zur Literatur. Bertelsmann Gütersloh 1915
Ludwig Rohner. Der deutsche Essay. Luchterhand Neuwied / Berlin 1966
Gerhard Haas. Essay. Metzler Bändchen Stuttgart 1969

**Bertold Brecht**

Die Gedichte in einem Band. Suhrkamp Frankfurt am Main 2002. Hauptzyklen: Hauspostille. Kiepenheuer 1926 und Buckower Elegien 1964
Marianne Kersting, Bertold Brecht. Rowohlt Hamburg 2003

**Gottfried Benn**

Gottfried Benn Essays 1951
Gottfried Benn, Probleme der Lyrik 1951
Statische Gedichte 1958 (alle Rechte beim Klett-Cotta Verlag Stuttgart)
Dieter Wellershoff, Gottfried Benn. Phänotyp dieser Stunde. Kiepenheuer und witsch 1958
Holger Hof, Gottfried Benn. Der Mann ohne Gedächtnis. Eine biographie. Klett-Cotta Stuttgart 2011

**Heimito von Doderer**

Die Strudlhofstiege. Roman. Dtv / C. H. Beck München 1951 / 18. Auflage 2003
Frühe Prosa. Hg. Von Hans Flesch-Brunningen München 1968 / 1995
Tangenten. Tagebuch eines Schriftstellers. 3. Auflage 1995
Heimito von Doderer dargestellt von Lutz-Werner Wolff. Rororo. 2. Auflage Hamburg 2000
Henner Löffler, Doderer-ABC. Ein Lexikon für Heimitisten. C. H. Beck 2. Auflage München 2001. Diss. Wien 2002

**Günter Grass**

Sein lyrisches Werk begann Günter Grass 1956 beim Luchterhand Verlag mit dem Bändchen Die Vorzüge der Windhühner, das die Aufmerksamkeit der Gruppe 47 erregte. Sein bisher buntestes lyrisches Werk ist eine aquarellierte Gedichtsammlung Fundsachen für Nichtleser. 6. Auflage Steidl Göttingen 1997

Wichtige Prosaveröffentlichungen: Mein Jahrhundert. 6. Auflage. Steidl Göttingen 1999 und Fünf Jahrzehnte. Steidl Göttingen 2004; und Sechs Jahrzehnte. Steidl Göttingen 2014. Siehe auch oben Eintragung zu Jacob Grimm, Grimms Wörter

## B. Das sprachlich-politikgeschichtliche Umfeld

### 1. Willy Brandt

Sein Abstufungsmotto: „Wandel durch Annäherung"

Willy Brandt, Begegnungen und Einsichten. Die Jahre 1960–1975. Hoffmann und Campe Hamburg 1976

Willy Brandt, Friedenspolitik in Europa. 3. Auflage. S. Fischer Verlag 1968 / 1971

Carola Stern, Willy Brandt in Selbstzeugnissen und Bilddokumenten. Rowohlt Hamburg 2002

### 2. Preußen

Die Stiftung Preußischer Kulturbesitz umfasst eine einzigartige sehr große Sammlung Preußen Versuch einer Bilanz. Fünfbändiger Katalog zur gleichnamigen Ausstellung der Berliner Festspiele. Rowohlt Hamburg 1981

Christopher Clark, Preußen Aufstieg und Niedergang 1600–1947. Bundeszentrale für politische Bildung 2007

Reinhart Kosselleck, Preußen zwischen Reform und Revolution ... Klett-Cotta Stutgart 1987

Eberhard Straub, Eine kleine Geschichte Preußens. Siedler Berlin 2001

### 3. DDR Architektur

Thomas Topfstedt, Städtebau in der DDR 1955–1971. Seemann 1988

## 4. Deutsch als Sprache

Echtermeyer-von Wiese, Deutsche Gedichte von den Anfängen bis zur Gegenwart. August Bagel Düsseldorf 1966

Braune-Mitzka, Althochdeutsche Grammatik. Max Niemeyer 1963

Richardt Schrodt, Althochdeutsche Grammatik II Syntax 2004 Beginn der Syntaxforschung

Paul-Mitzka, Mittelhochdeutsche Grammatik. Max niemeyer Tübingen 1960

Paul / Moser / Schöbler, Mittelhochdeutsche Grammatik Niemeyer 1975

Agathe Lasch, Mittelniederdeutsche Grammatik. Niemeyer Halle a. S. 1914

Adolf Bach, Geschichte der deutschen Sprache. 8. Auflage Quelle & Meyer Heidelberg 1965

G. Röttger, Satzlehre in Lateinische Sprachlehre. Teubners Lateinisches Unterrichtswerk. B. G. Teubner Leipzig / Berlin 1944

Johannes Erben, Deutsche Grammatik. Ein Abriss. 11. Auflage. Max Hueber München 1972

## 5. Russischer Einfluss

Iwan Iljin, Wesen und Egenart der russischen Kultur. 2. Auflage Aehren (Schweiz) 1944

Gudrun Ziegler, Alexander S. Puschkin in Selbstzeugnissen und Bilddokumenten. rororo bildmonographien Hamburg 1979

Leo Sievers, Deutsche und Russen. Tausend Jahre gemeinsamer Geschichte von Otto dem Großen bis Gorbatschow. Bertelsmann Gütersloh 1991

Hg. Hans Leicht Dschingis Khan Eroberer – Stammesfürst – Vordenker. Patmos Albatros 2002

## 6. Senator J. William Fulbright Scholarship begonnen 1946

Dieses Stipendium gewonnen 1. von USA nach Den Haag (Niederlanden); Ergebnis Hugo Grotius-Biographie, Twayne's World Authors Series. Twas 680. Boston 1983 dann 2. nach Münster (Westfalen); Ergebnis: The Beginning of German Immigration in North America during the Thirty Years War. Campus Verlag Frankfurt am Main 1996 und von dort später 3. nach Brown in Providence (Rhode Island); Ergebnis: Northwest Germany in Northeast America. Münster 1997

7. Hugo Grotius und Kapholländisch

A. Hugo Grotius, Bewys van de waere Godsdienst. Sine loco 1622

Hugo Grotius, Inleidhinge tot de Hollandsche Rechtsgeleerdheid. Den Haag 1631

Jacob Ter Meulen et P. J. J. Diermanse, Bibliographie des écrits imprimés de Hugo Grotius. Martinus Nijhoff, Den Haag 1950

M. Esch-Pelgroms, Grotius' Invloed op de Nederlandse Rechtsterminologie. Ph. D. diss. Université de Liège (Belgien) 1968/1969

B. Kapholländisch und Afrikaans A. S. V. Barnes Afrikaanse Spreekwoorde, Kaapstad o. J. Bijbel... Staten Generaal der Vereenigde Nederlanden, Amsterdam 1865

Die Bybel Nuwe Vertaling, elfde druk, Kaapstad 2001 C.van Bree, Syntaktische Gegensätze Niederländisch u. Niederdeutsch, in: Niederdeutsches Wort, Bd. 18 (1978).

Andre P. Brink, Groot Afrikaans Verseboek, Kaapstad 2000.

Ingolf Diener and Olivier Graefe (Hg.), Contemporary Namibia: The First Landmarks of a Post-Apartheid Society, Windhoek 2001 (1999)

Floris D. Du Plooy, Raakpunte tussen Platduits en Afrikaans, Potchevstroolife U.P. 1981

Ernestus J. Du Plessis, 'n Ondersoek na de oorsprong en betekenis van Suid-Afrikaanse berg- en riviernamen, Kaapstad 1973

Jacques Du Plessis, The Plug-in System. Afrikaans, Provo, Utah, 1994 (1989)

Vilem Flusser, Von der Freiheit des Migranten. Einsprüche gegen den Nationalismus, Köln 1994

Charles T. Gehring, The Dutch Language in Colonial New York: An Investigation of a Language Decline and its relationship to social change, Indiana University Dissertation 1973, rpt. 2002

Charles T. Gehring, New York Historical Manuscripts: Dutch. – 1. Land Papers, Baltimore 1980. – 2. Delaware Papers (Dutch Period), Baltimore 1981. – 3. Dutch Council Minutes, Syracuse U. R, vol. 1, 1983, Vol. 2, 1995

Christian Gellinek, Filip von Zesen, Europas Erster Baedeker. Amsterdam 1664, Bern 1988 (= Europäische Stadtkultur, Bd. 2)

E. C. Godee-Molsbergen und Joh. Visser, Zuid-Afrika's Geschiedenis in Beeld. South African History Told in Pictures, Amsterdam 1913

Christian Goebel, Am Ende des Regenbogens, Diss. Marburg 1998 (= ISSA Wissenschaftliche Reihe, Bd. 25)

Bernd Heine and Derek Nurse (Hg.), African Languages: An Introduction, Cambridge 2000

John C. Kannemeyer, A History of Afrikaans Literature, Pietermaritzburg 1993

Norbert Kleinz, Deutsche Sprache im Kontakt in Südwestafrika... in Namibia, Stuttgart 1984

Heinz Kloss, Problems of Language Policy in South Africa, Wien 1979 (= Ethnos 16)

Gerrit Komrij, Die Afrikaanse Poesie in 'n duisende en enkele gedichte, Amsterdam 1999

Kramers Woordenboek Zuid-afrikaans-Nederlands, Amsterdam 2000

F. J. Labuschagne / L. C.Eksteen, Verklärende Afrikaanse Woordebook, 8. uitgawe, Pretoria 1993 (1. uitgawe 1936)

Hermann Paul / Peter Wiehl / Siegfried Grosse, Mittelhochdeutsche Grammatik, 23. Aufl., Tübingen 1989

Fritz A. Ponelis, The Development of Afrikaans, Frankfrut a.M./ Bern 1993 [= Duisburger Arbeiten zur Sprach- und Kulturwissenschaft, Bd. 18]

Edith H. Raidt, Einführung in Geschichte und Struktur des Afrikaans, Darmstadt 1983

Edith H. Raidt, Afrikaans en sy Europese Verlede, Kaapstad 1991

Hildegard I. Stielau, Nataler Deutsch, Wiesbaden 1980

A. Weijnen, Zeventiende-eeuwse Taal, Zutphen o. J.

A. Weijnen, Schets van de Geschiedenis van de Nederlandse Syntaxis, Assen 1971

Uriel Weinreich, Languages in Contact, The Hague 1968

## 8. Anglo-Normannisch

M. Dominica Legge, Anglo-Norman Literature and its Background. Oxford 1963.

Richard Ingham, The Transmission of Anglo-Norman. Language History and Language Acquisition. Benjamin Amsterdam 2012

## 9. Günter Grass (s. auch oben I.)

Lyrik: Eintagsfliegen. Steidl Göttingen 2012. Mit aquarellierenden Federzeichnungen illustriert.

Liebeserklärung an Deutschland mit Reservationen

## 10. Die Wartburg, Martin Luther und Willy Brandt

Hg. Jutta Krauß / Ulrich Kneise. Wartburg-Stiftung. Welterbe Wartburg. Porträt einer Tausendjährigen. Schnell und Steiner Regensburg 2000

Willy Brandt und Günter Grass – Der Briefwechsel. Hg. Martin Kölbel. Steidl Göttingen 2013

Willy Brandt, Erinnerungen, ursprünglich Propyläen Frankfurt am Main u.a. 1989; Ullstein Taschenbuch 1992

## 11. Basel, Baseldütsch und der Schweizerpsalm

Adolf Suter, Baseldeutsch-Grammatik. 3. Auflage. Merian Basel 1992

Urs Kamber, Fuer wen ist die Schweitz merkwuerdig? Reisebrichte aus dem 18. Jahrhundert. Gute Schriften Basel 1972

Landeshymne genannt Schweizerpsalm Alter Text, 1. Strophe:

> Trittst im Morgenrot daher,
> Seh ich dich im Strahlenmeer,
> Dich, du Hocherhabener, Herrlicher!
> Wenn der Alpenfirn sich rötet,
> Betet, freie Schweizer, betet!
> Eure fromme Seele ahnt
> Eure fromme Seele ahnt
> Gott im hehren Vaterland,
> Gott, den Herrn, im hehren Vaterland.

## 12. Philipp Scheidemann

Christian Gellinek, Philipp Scheidemann: Eine Biographische Skizze. Böhlau Köln 1994.
Zweite überarbeitete Auflage Philipp Scheidemann: Gedächtnis und Erinnerung. Waxmann Münster 2006; Hg. Christian Gellinek, Philipp Scheidemann Sammlung in V Bänden; kommentiert von Christian Gellinek. (=Gesammelte Werke) MV-Wissenschaft Münster 2010.
Hagen Schulze, (Hg.) Das Kabinett Scheidemann. Akten der Reichskanzlei. Weimarer Republik. 1971.

## C. Forschung aus der Lehre

Der Leser wird sich, ans Ende gelangt, wahrscheinlich wundern, wie kann ein akademischer Lehrer so viele Kurse aus mehreren Gebieten unterrichten, ohne den Boden unter den Füßen zu verlieren, ohne aufzuhören, ein professioneller Spezialist zu bleiben? Deutsche Professoren und Studenten können sich vermutlich nicht vorstellen, wie oft ein senior professor und chairman für seine Kollegen einspringen muss, weil nicht genug Gehalt vorhanden war, um einen vielversprechenden junior colleague weiter anstellen zu können Das Programm muss angeboten werden, so lange die Einschreibungszahlen stimmen und die Umstellung auf Area Studies bewerkstelligt werden kann. Trägt man die Verantwortung, bleibt die Umstellung zum Generalisten unausweichlich. Bröckelt das Programm ab, weil es von dem Board of Regents gedrosselt wird, bleibt als letzter Ausweg die Rückwanderung und die Flucht in die Historie. Auf diese Weise kann man zum Stadtjubiläumsforscher zuerst in Münster, danach in Potsdam ‚avancieren'. So schmiegte sich die Forschung der Lehre an und verwischte sich der Unterschied zwischen undergraduate und graduate Kursen.

Das Repertoire erstreckte sich auf folgende Gebiete:

*Undergraduate* (nach Schwierigkeitsgrad geordnet)
Elementary German, fast jährlich in YALE, UF [=Florida]
Intermediate German, fast jährlich UF
Understanding and Speaking German UF, 5 mal UF
Masterpieces of German Literature 3 mal UF

Deutsche Kulturgeschichte/ German Culture & Civilization, 3 mal UF, 1 mal Brandenburg, Landeshochschule Business & International German /Handelsdeutsch, 3 mal UF

Geschichte der deutschen, niederländischen. & englischen Sprache / History of German, Dutch & English, 6 mal UF

Einführung in die allgemeine Sprachwissenschaft / Elementary Linguistics, 4 mal, Poznan & UF

Minstrels & Storytellers / Liebespoesie, 2 mal UF

Literary Criticism, 2 mal UF

Modern German Novel, 1 mal UF

Modern German Drama, 1 mal UF

Max Frisch, 2 mal UF; Günter Grass, 1 mal UF

Bertold Brecht, 1 mal CONN COLL. 1 mal UF

Friedrich Dürrenmatt, 1 mal YALE, 1 mal UF

POTSDAM's Urban History (=Stadtgeschichte), Brandenburgische Landes-Hochschule, 1991; Spannungen und Kräfte im US-Amerikanischen College System,1991

Gregorius Hartmann v. Aue und Thomas Mann, BYU, 1997

English for Freshmen, University of SOUTH FLORIDA, Tampa, 1998/99

Amerikanische und kanadische Außenpolitik, Proseminar, ifpol, Uni MÜNSTER, SS 2005; Hochschule VECHTA, WS 2008/09

Weimar und die Bundesrepublik 1949, Proseminar, ifpol, Uni MÜNSTER, WS 2005/06; Hochschule VECHTA, SS 2008

Das idealisierte Deutschlandbild Madame de Staëls und Tocquevilles freiheitlich-demokratisches Amerikabild, ifpol, Uni Münster, Proseminar, SS 2006; Hochschule VECHTA, WS 2008/09

Anti-Totalitarismus oder Chaos zwischen den Weltkriegen, HS VECHTA, SS 2009

Die Niederlande des 17. Jahrhunderts: Feind und Vorbild, HS VECHTA, SS 2009

Österreichische Literatur: Ein Querschnitt, Uni MÜNSTER, WS 2006/07

Die deutsche Einwanderung nach USA und Kanada, Hochschule VECHTA, SS 2008

Integrationsleistung Dänemarks in Nordeuropa und Schleswig-Holstein, VECHTA, WS 2009/10

Das idealisierte Deutschlandbild Madame de Staëls und Tocquevilles freiheitlich-demokratisches Amerikabild, ifpol, Uni MÜNSTER, Proseminar, SS 2006; Hochschule VECHTA, WS 2008/09

Anti-Totalitarismus oder Chaos zwischen den Weltkriegen, HS VECHTA, SS 2009

*Graduate* (in historischer Reihenfolge angeordnet)

Gothic language and Biblical text analyses, UF

Old High German Grammar and text analyses, UF

Old Saxon and Heliand, UF

Middle High German grammar/ introduction and readings, öfters YALE, UF, UTAH, BASEL, König Rother; Kaiserchronik YALE; Gregorius/Der Erwählte, UF, 2 mal; Iwein, YALE, UF 2 mal; Minnesang, 4 mal; Rolandslied, 2 mal, YALE, UF

Walther von der Vogelweide, 2 mal YALE; Parzival; Nibelungenlied, YALE, UF, UTAH

Geschichtsdichtungen des Mittelalters, Vorlesung, BASEL, WS 74/75

Liebesdichtungen des Mittelalters, Vorlesung BASEL, SS 74;

Literature of the German Baroque (1600-1720) UTAH; UF

Deutsch-Niederländische Literaturbeziehungen im 17. Jahrhundert, MÜNSTER

Literary Methods and Genre Problems of German Literature, 3 mal UF

'True Religion' Theme in Baroque Literature, Renaissance Center UCLA, Los Angeles

Sprachauffassungen des 16. Jhs., UCLA

Sprachauffassungen des 17. Jhs., UTAH

Goethe, Faust I and II, in German, UF, 83